吳墉祥在台日記
（1967）

The Diaries of Wu Yung-hsiang at Taiwan, 1967

民國日記｜總序

呂芳上
民國歷史文化學社社長

人是歷史的主體，人性是歷史的內涵。「人事有代謝，往來成古今」（孟浩然），瞭解活生生的「人」，才較能掌握歷史的真相；愈是貼近「人性」的思考，才愈能體會歷史的本質。近代歷史的特色之一是資料閎富而駁雜，由當事人主導、製作而形成的資料，以自傳、回憶錄、口述訪問、函札及日記最為重要，其中日記的完成最即時，描述較能顯現內在的幽微，最受史家重視。

日記本是個人記述每天所見聞、所感思、所作為有選擇的紀錄，雖不必能反映史事整體或各個部分的所有細節，但可以掌握史實發展的一定脈絡。尤其個人日記一方面透露個人單獨親歷之事，補足歷史原貌的闕漏；一方面個人隨時勢變化呈現出不同的心路歷程，對同一史事發為不同的看法和感受，往往會豐富了歷史內容。

中國從宋代以後，開始有更多的讀書人有寫日記的習慣，到近代更是蔚然成風，於是利用日記史料作歷史研究成了近代史學的一大特色。本來不同的史料，各有不同的性質，日記記述形式不一，有的像流水帳，有的生動引人。日記的共同主要特質是自我（self）與私密（privacy），史家是史事的「局外人」，不只注意史實的追尋，更有興趣瞭解歷史如何被體驗和講述，這時對「局內人」所思、所行的掌握和體會，日記便成了十分關鍵的材料。傾聽歷史的聲音，重要的是能聽到「原音」，而非「變音」，日記應屬原音，故價值高。1970年代，在後現代理論影響下，檢驗史料的潛在偏見，成為時尚。論者以為即使親筆日記、函札，亦不必全屬真實。實者，日記記錄可能有偏差，一來自時代政治與社會的制約和氛圍，有清一代文網太密，使讀書人有口難言，或心中自我約束太過。顏李學派李塨死前日記每月後書寫「小心翼翼，俱以終始」八字，心所謂為危，這樣的日記記錄，難暢所欲言，可以想見。二來自人性的弱點，除了「記主」可能自我「美化拔高」之外，主觀、偏私、急功好利、現實等，有意無心的記述或失實、或迴避，例如「胡適日記」於關鍵時刻，不無避實就虛，語焉不詳之處；「閻錫山日記」滿口禮義道德，使用價值略幾近於零，難免令人失望。三來自旁人過度用心的整理、剪裁、甚至「消音」，如「陳誠日記」、「胡宗南日記」，均不免有斧鑿痕跡，不論立意多麼良善，都會是史學研究上難以彌補的損失。史料之於歷史研究，一如「盡信書不如無書」的話語，對證、勘比是個基本功。或謂使用材料多方查證，有如老吏斷獄、法官斷案，取證求其多，追根究柢求其細，庶幾還原案貌，以證據下法理註腳，盡力讓歷史真相水落可石出。是故不同史料對同一史事，記述會有異同，同者互證，異者互勘，於是能逼近史實。而勘比、互證之中，以日記比證日記，或以他人日記，證人物所思所行，亦不失為一良法。

從日記的內容、特質看，研究日記的學者鄒振環，曾將日記概分為記事備忘、工作、學術考據、宗教人生、游歷探險、使行、志感抒情、文藝、戰難、科學、家庭婦女、學生、囚亡、外人在華日記等十四種。事實上，多半的日記是複合型的，柳貽徵說：「國史有日歷，私家有日記，一也。日歷詳一國之事，舉其大而略其細；日記則洪纖必包，無定格，而一身、一家、一地、一國之真史具焉，讀之視日歷有味，且有補於史學。」近代人物如胡適、吳宓、顧頡剛的大部頭日記，大約可被歸為「學人日記」，余英時翻讀《顧頡剛日記》後說，藉日記以窺測顧的內心世界，發現其事業心竟在求知慾上，1930 年代後，顧更接近的是流轉於學、政、商三界的「社會活動家」，在謹厚恂恂君子後邊，還擁有激盪以至浪漫的情感世界。於是活生生多面向的人，因此呈現出來，日記的作用可見。

晚清民國，相對於昔時，是日記留存、出版較多的時期，這可能與識字率提升、媒體、出版事業發達相關。過去日記的面世，撰著人多半是時代舞台上的要角，他們的言行、舉動，動見觀瞻，當然不容小覷。但，相對的芸芸眾生，識字或不識字的「小人物」們，在正史中往往是無名英雄，甚至於是「失蹤者」，他們如何參與近代國家的構建，如何共同締造新社會，不應該被埋沒、被忽略。近代中國中西交會、內外戰事頻仍，傳統走向現代，社會矛盾叢生，如何豐富歷史內涵，需要傾聽社會各階層的「原聲」來補足，更寬闊的歷史視野，需要眾人的紀錄來拓展。開放檔案，公布公家、私人資料，這是近代史學界的迫切期待，也是「民國歷史文化學社」大力倡議出版日記叢書的緣由。

導言

侯嘉星
國立中興大學歷史學系助理教授

《吳墉祥在台日記》的傳主吳墉祥（1909-2000），字茂如，山東棲霞縣人。幼年時在棲霞就讀私塾、新式小學，後負笈煙台，畢業於煙台模範高等小學、私立先志中學。中學期間受中學校長、教師影響，於1924年加入中國國民黨；1927年5月中央黨務學校在南京創設時報考錄取，翌年奉派於山東省黨部服務。1929年黨務學校改為中央政治學設大學部，故1930年申請返校就讀，進入財政系就讀，1933年以第一名成績畢業。自政校畢業後留校擔任助教3年，1936年由財政系及黨部推薦前往安徽地方銀行服務，陸續擔任安慶分行副理、經理，總行稽核、副總經理，時值抗戰軍興，隨同皖省政府輾轉於山區維持經濟、調劑金融。1945年因抗戰勝利在望，山東省主席何思源遊說之下回到故鄉任職，協助重建山東省銀行。

1945年底山東省銀行正式開業後，傳主擔任總經理主持行務；1947年又受國民黨中央黨部委派擔任黨營事業齊魯公司常務董事，可說深深參與戰後經濟接收與重建工作。這段期間傳主也通過高考會計師合格，並當選棲霞區國民大會代表。直到1949年7月因戰局逆轉，傳主隨政府遷台，定居於台北。1945至1950這

6 年間的日記深具歷史意義，詳細記載這一段經歷戰時淪陷區生活、戰後華北接收的諸般細節，乃至於國共內戰急轉直下的糾結與倉皇，可說是瞭解戰後初期復員工作、經濟活動以及政黨活動的極佳史料，已正式出版為《吳墉祥戰後日記》，為戰後經濟史研究一大福音。

1949 年來台後，除了初期短暫清算齊魯公司業務外，傳主以會計師執照維生。當時美援已進入台灣，1956 年起受聘為美國國際合作總署駐華安全分署之高級稽核，主要任務是負責美援項目的帳務查核，足跡遍及全台各地。1960 年代台灣經濟好轉，美援項目逐漸減少，至 1965 年美援結束，傳主改任職於中美合營之台達化學工業公司，擔任會計主任、財務長，直到 1976 年退休；國大代表的職務則保留至 1991 年退職。傳主長期服務於金融界，對銀行、會計及財務工作歷練豐富，這一點在《吳墉祥戰後日記》的價值中已充分顯露無遺。來台以後的《吳墉祥在台日記》，更是傳主親歷中華民國從美援中站穩腳步、再到出口擴張達成經濟奇蹟的各個階段，尤其遺留之詳實精采的日記，成為回顧戰台灣後經濟社會發展的寶貴文獻，其價值與意義，以下分別闡述之。

一

史料是瞭解歷史、探討過去的依據，故云「史料為史之組織細胞，史料不具或不確，則無復史之可言」（梁啟超，《中國歷史研究法》）。在晚近不斷推陳出新的史料類型中，日記無疑是備受歷史學家乃至社會各界重視的材料。相較於政府機關、公司團體所留下之日常文件檔案，日記恰好為個人在私領域中，日常生活留下的紀錄。固然有些日記內容側重公事、有些則抒發情懷，但就材料本身而言，仍然是一種私人立場的記述，不可貿然將之視為客觀史實。受到後現代主義的影響，日記成為研究者與傳主之間的鬥智遊戲。傳主寫下對事件的那一刻，必然帶有個人的想法立場，也帶有某些特別的目的，研究者必須能分辨這些立場與目的，從而探索傳主內心想法。也因此，日記史料之使用有良窳之別，需細細辯證。

那麼進一步說，該如何用使日記這類文獻呢？大致來說，良好的日記需要有三個條件，以發揮內在考證的作用：（1）日記之傳主應該有一定的社會代表性，且包含生平經歷，乃至行止足跡等應具體可供複驗。（2）日記須具備相當之時間跨度，足以呈現長時段的時空變化，且年月日之間的紀錄不宜經常跳躍脫漏。（3）日記本身的文字自然越詳細充實越理想，如此可以提供豐富素材，供來者進一步考辨比對。從上述三個條件來看，《吳墉祥在台日記》無疑是一部上佳的日記史料。

就代表社會性而言，傳主曾擔任省級銀行副總經理、總經理，又當選為國大代表；來台後先為執業會計師，復受聘在美援重要機構中服務，接著擔任大型企業財務長，無論學經歷、專業素養都具有相當代表性。藉由這部日記，我們可以在過去國家宏觀政策之外，以社會中層技術人員的視角，看到中美合作具體的執行情況，也能體會到這段時期的政治、經濟和社會變遷。

而在時間跨度方面，傳主自 1927 年投考中央黨務學校起，即有固定寫作日記的習慣，但因抗戰的緣故，早年日記已亡佚，現存日記自1945 年起，迄於 2000 年，時間跨度長達 55 年，僅 1954 年因蟲蛀損毀，其餘均無日間斷，其難能可貴不言可喻。即便 1945 年至 1976 年供職期間的日記，也長達 32 年，借助長時段的分析比對，我們可以對傳主的思想、心境、性格，乃至習慣等有所掌握，進而對日記中所紀錄的內容有更深層的掌握。

最重要的，是傳主每日的日記寫作極有條理，每則均加上「職務」、「師友」、「體質」「娛樂」、「家事」、「交際」、「游覽」等標題，每天日記或兩則或三則不等，顯示紀錄內容的多元。這些內容所反映的，不僅是公務上的專業會計師，更是時代變遷中的黨員、父親、國民。因此從日記的史料價值來看，《吳墉祥在台日記》能帶領我們，用豐富的角度重新體驗一遍戰後台灣的發展之路，也提供專業財經專家觀點以及可靠的事件觀察記錄，讓歷史研究者能細細品味 1951 年至 1976 年這 26 年間，種種宏觀與微觀的時代變遷。

二

戰後中華民國的各項成就中，最被世界所關注的，首推是 1980 年代前後台灣經濟奇蹟（Taiwan Economic Miracle）了。台灣經濟奇蹟的出現，有其政策與產業的背景，1950 年開始在美援協助下政府進行基礎建設與教育投資，配合進口替代政策發展國內產業。接著在1960年代起，推動投資獎勵與出口擴張、設立加工出口區，開啟經濟起飛的年代。由於經濟好轉，1963年起台灣已經累積出口外匯，開始逐步償還美援，在國際間被視為美援國家中的模範生，為少數能快速恢復經濟自主的案例。在這樣的時代背景中，美援與產業經營，成為分析台灣經濟奇蹟的關鍵。

《吳墉祥在台日記》中，傳主除了來台初期還擔任齊魯公司常務董事，負責清算業務外，直到1956年底多憑會計師執照維持生計，但業務並不多收入有限，反映此時台灣經濟仍未步上軌道，也顯示遷台初期社會物質匱乏的處境。1956年下半，負責監督美援計畫執行的駐華安全分署招聘稽核人員，傳主獲得錄用，成為美方在台雇用的職員。從日記中可以看到，美援與中美合作並非圓滑順暢，1956年11月6日有「中午王慕堂兄來訪，謂已聞悉安全分署對余之任用業已確定，以前在該署工作之中國人往往有不歡而散者，故須有最大之忍耐以與洋員相處云」，透露著該工作也不輕鬆，中美合作之間更有許多幽微之處值得再思考。

戰後初期美援在台灣的重大建設頗多，傳主任職期間往往要遠赴各地查帳，日記中記錄公務中所見美援支出項目的種種細節，這是過去探討此一課題時很少提到的。例如1958年4月前往中橫公路工程處查帳，30日的日記中發現「出於意外者則另有輔導會轉來三萬餘元之新開支，係輔導會組織一農業資源複勘團，在撥款時以單據抵現由公路局列帳者，可謂驢頭不對馬嘴矣。除已經設法查詢此事有無公事之根據外，當先將其單據內容加以審核, 發現內容淩亂，次序亦多顛倒，費時良久，始獲悉單據缺少一萬餘元，當交會計人員與該會再行核對」。中橫公路的經費由美援會提供公路局執行，並受美方監督。傳主任職的安全分署即為監督機構，從這次的查帳可以發現，對於執行單位來說，往往有經費互相挪用的便宜行事，甚至單據不清等問題，傳主查帳時一一指出這些問題乃為職責所在，亦能看到其一絲不苟的態度。1962 年 6 月 14 日傳主前往中華開發公司查帳時也注意到：「中華開發信託公司為一極特殊之構成，只有放款，並無存款，業務實為銀行，而又無銀行之名，以余見此情形，甚懷疑何以不能即由 AID（國際開發總署）及美援會等機構委託各銀行辦理，豈不省費省時？現開發公司待遇奇高，為全省之冠，開支浩大，何以必設此機構辦理放款，實難捉摸云」，顯然他也看到許多不合理之處，這些紀錄可提供未來探討美援運用、中美合作關係的更深一層面思考。

事實上，最值得討論的部分，是傳主在執行這些任務所表現出來的操守與堅持，以及這種道德精神。瞿宛文在《台灣戰後經濟發展的源起：後進發展的為何與如何》一書中強調，台灣經濟發展除了經濟層面的因素外，不能忽略經濟官僚的道德力量，特別是這些人經歷過大陸地區的失敗，故存在著迫切的內在動力，希望努力建設台灣以洗刷失敗的恥辱。這種精神不僅在高層官僚中存在，以傳主為代表的中層知識分子與專業人員，同樣存在著愛國思想、建設熱忱。這種愛國情懷不能單純以黨國視之，而是做為知識分子對近代以來國家認同發自內心的追求，這一點從日記中的許多事件細節的描述可以觀察到。

三

1951 年至 1965 年間，除了是台灣經濟由百廢待興轉向起飛的階段，也是政治社會上的重大轉折年代。政治上儘管處於戒嚴與動員戡亂時期，並未有太多自由，但許多知識分子仍然有自己的立場批評時政，特別是屬於私領域的日記，更是觀察這種態度的極佳媒介，從以下兩個小故事可以略窺一二。

1960 年頭一等的政治大事，是討論總統蔣中正是否能續任，還是應該交棒給時任副總統的陳誠？依照憲法規定，總統連選得連任一次，在蔣已於 1954 年連任一次的情況下，不少社會領袖呼籲應該放棄再度連任以建立憲政典範。然而國民大會先於 3 月 11 日通過臨時條款，無視憲法條文規定，同意在特殊情況下蔣得以第二度連任。因此到了 3 月 21 日正式投票當天，傳主在日記中寫下：

> 上午，到中山堂參加國民大會第三次會議第一次選舉大會，本日議程為選舉總統……蓋只圈選蔣總統一人，並無競選乃至陪選者，亦徒具純粹之形式而已。又昨晚接黨團幹事會通知，囑一致投票支持，此亦為不可思議之事……開出圈選蔣總統者 1481 票，另 28 票未圈，等於空白票，此皆為預料中之

結果，於是街頭鞭炮齊鳴，學生遊行於途，電台廣播特別節目，一切皆為預定之安排，雖甚隆重，而實則平淡也。

這段記述以當事人身分，重現了三連任的爭議。對於選舉總統一事也表現出許多知識分子的批評，認為徒具形式，特別是「雖甚隆重，而實則平淡也」可以品味出當時滑稽、無奈的複雜心情。

1959 年 8 月初，因颱風過境造成中南部豪雨成災，為二十世紀台灣最大規模的天災之一，日記中對此提到：「本月七日台中台南一帶暴雨成災，政府及人民已展開救災運動，因災情慘重，財產損失逾十億，死傷在二十五萬人左右（連殃及數在內），政府正做長期計畫，今日起禁屠八天，分署會計處同人發起募捐賑災，余照最高數捐二百元」。時隔一週後，傳主長女即將赴美國留學，需要繳交的保證金為 300 元，由此可知八七水災中認捐數額絕非小數。

日記的特點在於，多數時候它是傳主個人抒發內心情緒的平台，並非提供他人瀏覽的公開版，因此在日記中往往能寫下當事人心中真正想法。上述兩個小例子，顯示在政治上傳主充滿愛國情操，樂於發揮人溺己溺的精神援助他人；但他也對徒具形式的政治大戲興趣缺缺，甚至個人紀錄字裡行間均頗具批判意識。基於這樣的理解，我們對於《吳墉祥在台日記》，可以進行更豐富細緻的考察，一方面同情與理解傳主的心情；另方面在藉由他的眼光，觀察過去所發生的大小事件。

四

然而必須承認的是，願意與傳主鬥智鬥力，投入時間心力的歷史研究者，並非日記最大的讀者群體。對日記感興趣者，更多是作家、編劇、文人乃至一般社會大眾，透過日記的閱讀，體驗另一個人的生命經歷，不僅開拓視野，也豐富我們的情感。確實，《吳墉祥在台日記》不單單是一位會計師、財金專家的工作紀錄簿而已，更是一位丈夫、六名子女的父親、奉公守法的好公民，以及一個「且認他鄉作故鄉」（陳寅恪詩〈憶故居〉）的旅人。藉由閱讀這份日記，令人感受到的是內斂情感、自我紀律，以及愛國熱情，這是屬於那個時代的回憶。

歷史的意義在於，唯有藉由認識過去，我們才得以了解現在；了解現在，才能預測未來。在諸多認識過去的方法中，能承載傳主一生精神、豐富閱歷與跌宕人生旅程的日記，是進入門檻較低而閱讀趣味極高的絕佳媒介。《吳墉祥在台日記》可以是歷史學者重新思考戰後台灣經濟發展、政治社會變遷不同面向的史料，也是能啟發小說家、劇作家們編寫創作的素材。總而言之，對閱讀歷史的熱情，並不局限於象牙塔、更非專屬於少數人，近年來大量出版的各類日記，只要願意嘗試接觸，它們將提供讀者無數關於過去的細節與經驗，足供做為將我們推向未來的原動力。

編輯凡例

一、吳墉祥日記現存自1945年至2000年，本次出版為1951年以後。

二、古字、罕用字、簡字、通同字，在不影響文意下，改以現行字標示。

三、難以辨識字體或遭蟲蛀，以■表示。

四、部分內容涉及家屬隱私，略予刪節，恕不一一標注。

日記照片選錄

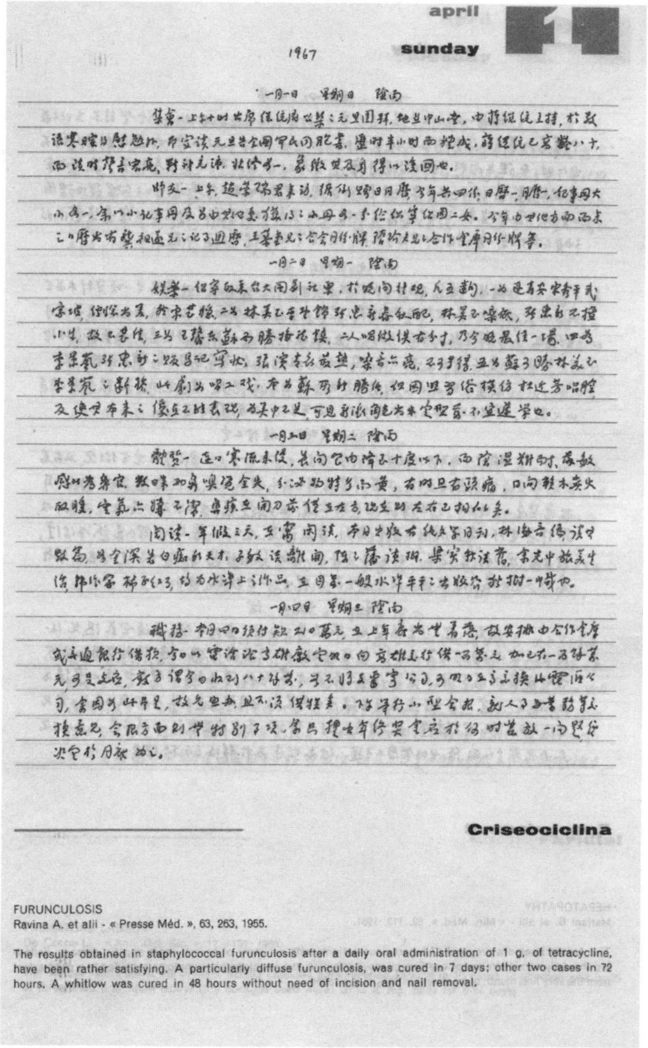
april 1
sunday
1967

一月一日 星期日 陰雨

一月二日 星期一 陰雨

一月三日 星期二 陰雨

一月四日 星期三 陰雨

Criseociclina

FURUNCULOSIS
Ravina A. et alii - « Presse Méd. », 63, 263, 1955.

The results obtained in staphylococcal furunculosis after a daily oral administration of 1 g. of tetracycline, have been rather satisfying. A particularly diffuse furunculosis, was cured in 7 days; other two cases in 72 hours. A whitlow was cured in 48 hours without need of incision and nail removal.

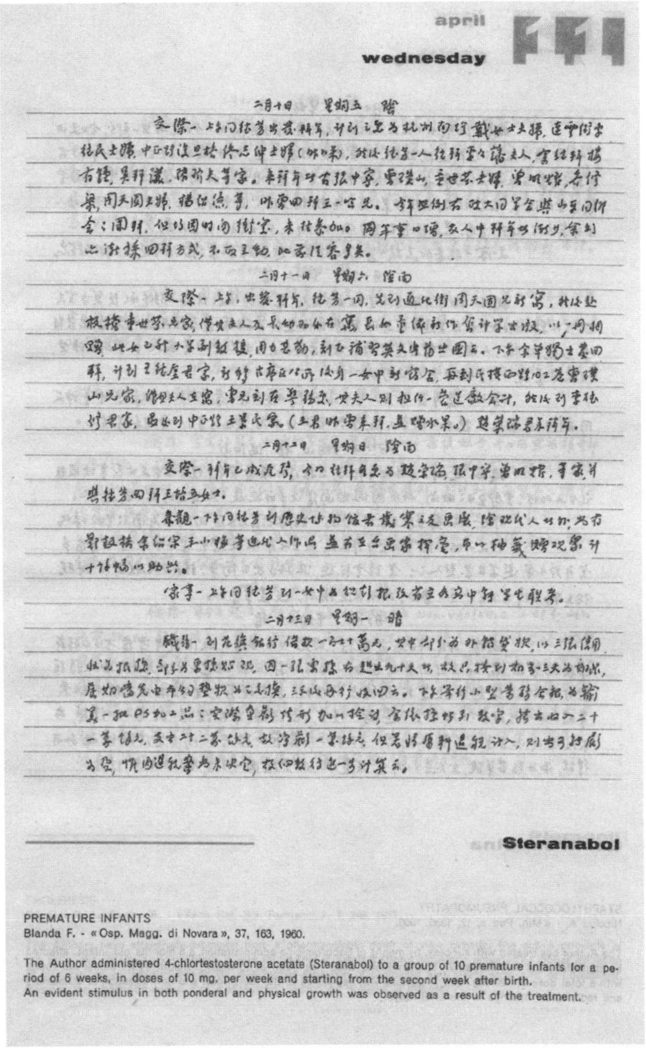
april

wednesday

二月十日　星期五　陰

二月十一日　星期六　陰雨

二月十二日　星期日　陰雨

二月十三日　星期一　晴

Steranabol

PREMATURE INFANTS
Blanda F. - « Osp. Magg. di Novara », 37, 163, 1960.

The Author administered 4-chlortestosterone acetate (Steranabol) to a group of 10 premature infants for a period of 6 weeks, in doses of 10 mg. per week and starting from the second week after birth.
An evident stimulus in both ponderal and physical growth was observed as a result of the treatment.

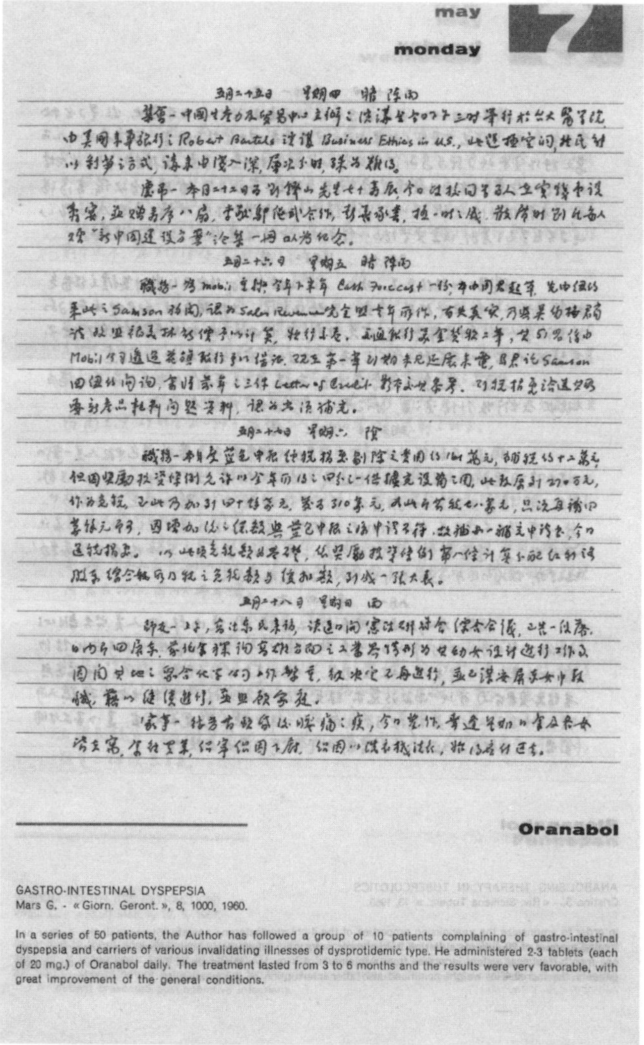
may
7
monday
五月二十五日 星期四 晴陣雨
五月二十六日 星期五 晴陣雨
五月二十七日 星期六 陰
五月二十八日 星期日 雨
Oranabol
GASTRO-INTESTINAL DYSPEPSIA
Mars G. - « Giorn. Geront. », 8, 1000, 1960.
In a series of 50 patients, the Author has followed a group of 10 patients complaining of gastro-intestinal dyspepsia and carriers of various invalidating illnesses of dysprotidemic type. He administered 2-3 tablets (each of 20 mg.) of Oranabol daily. The treatment lasted from 3 to 6 months and the results were very favorable, with great improvement of the general conditions.

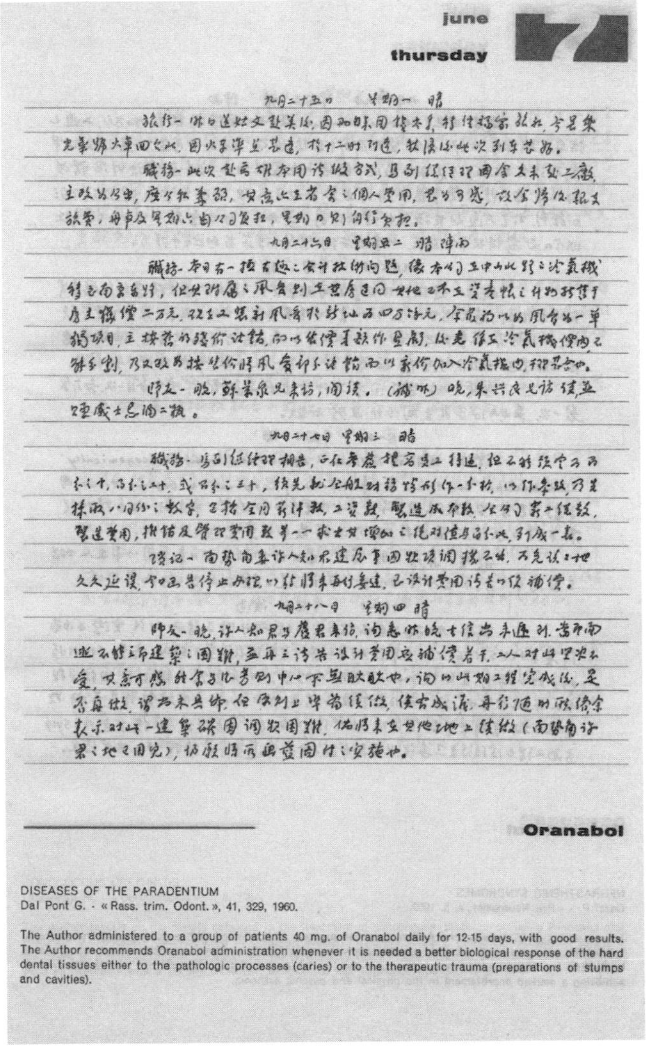

june

thursday

7

九月二十五日　星期一　晴

旅行—昨日送紹文赴美後，因加日來因陰未了，特往稻香訪友，今晨乘光華號火車回台北，因火車準點甚遲，於十二時到達，故清涼此次則未甚好。

職務—此次赴高雄參加洽辦方式，馬副總經理國全未來赴二廠主持公事，座分配業務，此次出差者各之個人費用，甚多可慮，故分將作報支旅費，每人每日及星期六由公司負担，星期日則自行負担。

九月二十六日　星期二　晴陣雨

職務—本日有一項有趣之會計核銷問題，係本公司在中山北路之冷氣機轉售南京東路，但其附屬之風管則在其房屋內無法拆下，乃受方賠償之，其物於某方房主賠償二万元，双方之帳對風管於該地可四万餘元，今應將此項風管為一單獨項目，主持者為資深估計，而以其價值表作呈報，但老係在冷氣機價內之部分，乃又以為按其價時風管部分之估計而以本價加入冷氣機內，留其合也。

師友—晚，蘇景泉兄來訪，閒談。（補記）晚，朱興良兄來訪，並贈威士忌酒二瓶。

九月二十七日　星期三　晴

職務—馬副總經理相告，正在考慮提高員工待遇，但不能超過百分之十，百分之二十，或百分之三十，囑先就會計報表核計作一分析，以作參考，乃先採取八月份之數字，包括全月薪津數，工資數，製造成本數，公司實付總數，製造費用，推估及管理費用數等一一求出其增加之絕對值與百分比，列成一表。

瑣記—同事有來訪人知悉建房事因難填調撥之地，不免談之地久久延誤，今日函告停止办理，以待將來再行營建，已設計費用請其以後補償。

九月二十八日　星期四　晴

師友—晚，許文知君與瞿君來訪，詢悉昨晚去信尚未遲到，當即面述不能立即建築之困難，並再三請其設計費用應補償若干，二人對此堅決不受，只表示感謝余，心下甚耿耿也，詢以此類工程完成後是否再做，謂為未來無妨，但余則亦將常便做，俟有成議再行通知，彼等亦表示對此一建築確因調撥困難，俟將來在其他地上續做（南勢角許君之地之相比），彼將隨時再盡個人之義務也。

Oranabol

DISEASES OF THE PARADENTIUM
Dal Pont G. - « Rass. trim. Odont. », 41, 329, 1960.

The Author administered to a group of patients 40 mg. of Oranabol daily for 12-15 days, with good results. The Author recommends Oranabol administration whenever it is needed a better biological response of the hard dental tissues either to the pathologic processes (caries) or to the therapeutic trauma (preparations of stumps and cavities).

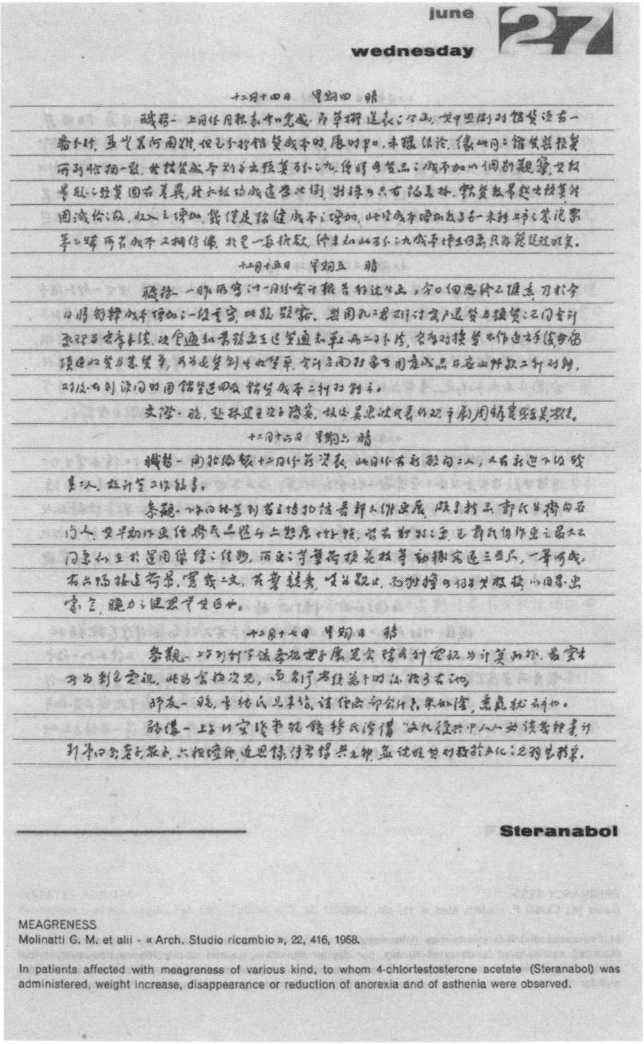
june 27
wednesday

十二月十四日 星期四 晴

十二月十五日 星期五 晴

十二月十六日 星期六 晴

十二月十七日 星期日 晴

Steranabol

MEAGRENESS
Molinatti G. M. et alii - « Arch. Studio ricambio », 22, 416, 1958.

In patients affected with meagreness of various kind, to whom 4-chlortestosterone acetate (Steranabol) was administered, weight increase, disappearance or reduction of anorexia and of asthenia were observed.

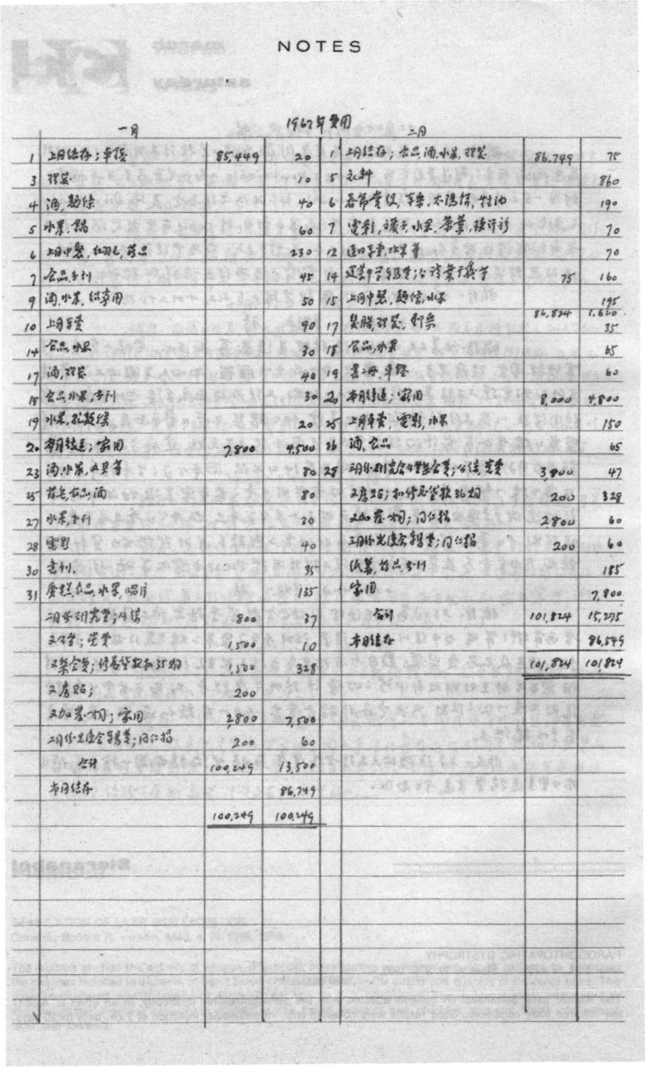

NOTES

1967年費用

一月

1	上月結存；車費	85,449	20
3	理髮		10
4	酒，麵條		40
5	水果，鍋		60
6	上月中餐，紅酒，藥品		230
7	食品，書刊		45
9	酒，水果，日常用		50
10	上月車費		90
14	食品，水果		30
17	酒，理髮		40
18	食品水果，書刊		30
19	水果，[illegible]		20
20	本月薪金；家用	7,800	4,500
23	酒，水果，[illegible]		80
25	[illegible]，食品，酒		80
27	水果，書刊		30
28	電影		40
30	書刊		35
31	蛋糕，食品，水果，唱片		135
	二月份研究費；[illegible]	800	37
	又稿費；電費	1,500	10
	又[illegible]；付房屋貸款35期	1,500	328
	又房租；	200	
	又加薪一個；家用	2,800	7,500
	二月份生活會[illegible]；同仁捐	200	60
	合計	100,249	13,500
	本月結存		86,749
		100,249	100,249

二月

1	上月結存；食品，酒，水果，理髮	86,749	75
5	衣料		860
6	春節賞錢，年糕，太陽餅，[illegible]		190
7	電影，[illegible]，水果，茶葉，[illegible]		70
12	[illegible]車費，水果等		70
14	[illegible]	75	160
15	上月中餐，麵條，水果		195
		86,824	1,620
17	[illegible]，理髮，郵票		35
18	食品，水果		65
19	書籍，車費		60
20	本月薪金；家用	8,000	4,800
25	上月車費，電影，水果		150
26	酒，食品		65
28	三月份[illegible]；公債，電費	3,800	47
	又房租；付房屋貸款36期	200	328
	又加薪一個；同仁捐	2,800	60
	三月份[illegible]；同仁捐	200	60
	紙張，食品，書刊		185
	家用		7,800
	合計	101,824	15,275
	本月結存		86,549
		101,824	101,824

目　錄

1967年（59歲）

1月1日　星期日　陰雨

集會

上午十時出席總統府召集之元旦團拜，地點中山堂，由蔣總統主持，於數語寒暄與慰勉外，即宣讀元旦告全國軍民同胞書，歷時半小時而禮成，蔣總統已高齡八十，而讀時聲音宏亮，精神充沛，始終如一，象徵其及身得以復國也。

師友

上午，趙榮瑞君來訪，循例贈日月曆，今年共四份，日曆一、月曆一、記事冊大小各一，余以小記事冊及另由其他處獲得之小冊各一份給紹寧、紹因二女。今年由其他方面而來之日曆尚有龔祖遂兄之記事週曆，王慕堂兄之合會月份牌，隋玠夫兄之合作金庫月份牌等。

1月2日　星期一　陰雨

娛樂

紹寧取來台大國劇社票，於晚間往觀，凡五齣，一為連壽安、宋秀平武家坡，經驗尚差，然宋甚穩，二為林美玉、李望錦、張惠新春秋配，林美玉嗓低，張惠新不擅小生，故不甚佳，三為王馨東、蘇可勝梅龍鎮，二人唱做俱有分寸，乃今晚最佳一場，四為李景嵐、張惠新之販馬記寫狀，張演青衣最熟，嗓音亦亮，不可多得，五為蘇可勝、林美玉、李景嵐之斷橋，此劇為唱工戲，本為蘇所能勝任，但因照習俗模仿杜近芳唱腔，反使其本來之優點不能表現，為美中不足，可見新派角色尚未定型前，不宜遽學也。

1月3日　星期二　陰雨

體質

連日寒流來侵，晨間室內降至十度以下，而陰濕難耐，最敏感者為鼻官，數日來兩鼻嗅覺全失，分泌物特多而黃，有時且有頭痛，日間賴木炭火取暖，空氣亦嫌不潔，鼻疾在開刀前僅在左方，現則左右已相似矣。

閱讀

年假三天，在寓閒讀，本月出版有純文學月刊，林海音編，讀其數篇，如金溟若白癡的天才，子敏談離開，陳之藩談樹，梁實秋談舊，余光中旅美生活，韓作家柿子紅了，均為水準上之作品，在目前一般水準平平之出版界，獨樹一幟也。

1月4日　星期三　陰雨

職務

本月四日須付款 210 萬元，在上年底尚無著落，故安排由合作金庫或交通銀行借款，今日以電話洽高雄廠定明日向高雄交行借一百萬元，加已有一百餘萬元，可足支應，廠方謂今日收到八十餘萬，如不將支票寄公司，可明日在高交換後電匯公司，余因如此即足，故允照辦，且不需借款矣。下午舉行小型會報，就人事與業務等交換意見，會報方面則無特別事項，余只提出年終獎金應於何時發放一問題，經決定於月底為之。

1 月 5 日　星期四　晴曇

職務

Sycip 之查帳人員今晨為一會計科目與余相持不下，終無結果，在忙碌中深覺此等事為浪費時間也，彼等查帳一以 Mobil 之 Manual 為準，故遇有實際分錄有出入時，即認為問題，但對於最近廢棄資產三十餘萬元列出售資產損失一節，本向余要求解釋，余以為此只為近似可用之科目，因更無合用者，本已無異議，今日又向余提出謂依一科目「廢棄資產－油井」定義可包括其他資產，但亦甚含混，彼主改為「廢棄資產」而將油井二字去掉，余認為科目不可亂改，彼謂無妨，於是無結果而散。

1 月 6 日　星期五　晴

職務

撰寫本月份會報用報告資料，由於上月份檢討時曾發生一項資料太過公開之問題，故自本月份對於照例列舉之最近月份損益數字取消，改用各項重要損益項目實際數對於預算數之增減百分比。數日來因年終決算時特殊問題甚多，須費思索討論予以解決，而查帳人員亦在喋喋不休，固執己見，故十分忙迫，幾有自朝至暮瞬息即逝之感。

娛樂

晚看丁城劇團公演，曲復敏洪羊洞，甚穩，徐蓮芝、曲復敏、張學武之翠屏山代殺山，搭配甚好，此為老本花衫戲，已數年未觀，該劇團成績不惡。

1月7日　星期六　晴陰不定

職務

因年終結帳關係，傳票增多，十二月三十一日之傳票至今尚未完全做完，且有若干調整事項有待協調處理，而菲律賓查帳人員之固執己見，亦使困擾更增，例如去年報廢資產二百餘萬元，乃為降低所得稅而來，其殘價若干在未實現以前可以不予列收，菲律賓查帳人員曾認此為資產漏列，要求調整，本公司亦曾允由工程人員試作估價，然未承認月底前須為之，現在彼一再要求，馬副總經理即感覺難以應付，余告以年底前確不易入帳，設彼認為須在查帳報告提出，亦只好聽之而已。

1月8日　星期日　陰

瑣記

余之住室隔壁為一旅社業者小院，窗外即院，原通空氣陽光，後因其改成雨棚，乃將窗子遮去一半，原欲將其棚頂緊接余家之牆，經德芳告以不可，否則即囑其將另一開在余家院內之扁窗堵塞，彼始僅將棚頂伸至其滴水邊緣為止，而余之小窗仍有部分通氣與光線。今日在寓聞彼方有營造之聲，乃開數日未開之窗，見其頂棚已伸至余之牆邊，亟召其房主來予以質詢，責其開設旅社四鄰不安，如再得寸進尺，即報警予以取締，其時余怒不可遏，彼知理屈，乃於歸後立即拆除焉。

1 月 9 日　星期一　雨

職務

花旗銀行因放款而舉行之對本公司信用調查，今日已近尾聲，余以竟日之力將去年十一月底之各種長短期借款餘額明細數字，以及固定資產內土地房屋數字，又去年一年間 Retained Earnings 之變遷等予以說明。

1 月 10 日　星期二　雨

職務

將扣繳所得稅半年申報表填好備改日送稅捐處，此次余只填總表而未填扣繳憑單，憑單六十餘份係著高君代勞，高君一經指點，所填全無錯誤，可見甚為聰慧也。十一月間工廠成品原料之盤存與帳面比較表均已算好，大致盈虧相抵淨盈五萬餘元，經簽由總副經理批准照轉帳，惟此淨數之背後實有較大之毛數，例如尿素短十餘萬元，其原因實甚模糊，然又不能長此不決，今在此相抵仍有淨盈之情形下，自然易於處理也。

1 月 11 日　星期三　雨

職務

本公司委託新安公司加工仿玻璃品，因資料不全，遲遲不能結帳，但決不能拖至今年，故由業務處結好一項存欠清單，將合同未載而迫於事實必須承認之成本費用凡加列十一萬餘元，然後與該公司應收款沖帳，結一尾數，將由其繳回現款了事，此項追列部分，因已無法計入製造成本，乃作為推銷費用轉帳。

交際

晚，參加外資公司會計人員聚餐，自本次起參加人數又多出六、七人，席間廣泛對稅務交換意見，藉知對稅捐處之應付方面本公司困擾尚為最少者。

1月12日　星期四　陰雨

職務

下午舉行業務會報，以討論工廠事務所占時間最長，其中若干事項皆與公司各部門有連帶關係，討論至 AFE 之填發時，馬副總經理初主每一筆支出須填一筆 AFE，余認為不妥，主按預算項目，於該項目開始有支出時始填 AFE，照全額為之，以後在該項目支出時即完全由此一 AFE 內計算，否則 AFE 太多，且與 Purchase Order 之核定重複也，輪至余報告業務時當就書面補充數點，一為十一月底盤存已轉帳，對於工廠辦理此事之切實表欣慰，二為自本月起所報告之檢查數字改為與預算比較增減百分比，不用實際數字。

1月13日　星期五　陰

職務

每半年一次之綜合所得稅扣繳申報於今日補辦，此為應於一至十日間辦理之事，但因每日事務太多，且陰雨連綿，其辦理申報地點為露天，許多不便，故未如限辦理，此次填寫憑單係由他人代勞，僅總表係由余編製。一年一度之考績初核係由各部門主管辦理，余已將本處四人填送，計為周煥廷君，優點為辦事迅速且善研究求進，孔繁炘君，特點為精細耐勞，且富合作精神，王昱子君，辦理出納細心嚴密，一年來無論現金、支票未發現錯誤，于培清君因健康不佳，請假太多，雖努力熱情甚夠，然有力不從心之苦云。

1 月 14 日 星期六 陰

職務

為年底報表所示之所得稅額須比較確定，今日乃加以計算，結果比上年上半年預估之六萬餘元相差甚遠，而須繳四十萬元有零，其原因為銷貨額增加中之聚苯乙烯所占成分甚大，尚未奉准免稅，而預估時仍將福美林之所占比例加大，另一原因為盈餘之增加，原來預算只八百萬元，現則超過一千萬元，如非十二月份支付之特別項目百餘萬元，則純益將在一千一百萬以上也。馬副總經理與余談本處同仁考績事，余主周、孔、王三君各加二、三百元，渠意周君再略多，余亦同意，彼詢一筆獎金之制度得失，余認為不如加薪之為愈也。

1 月 15 日 星期日 陰

體質

鼻竇炎自入冬陰雨而轉劇，多日來飲食無味，僅前日放晴片刻而有一天之嗅覺恢復，日間則黃液頻頻分泌，不堪其苦，且有時頭痛，前後症狀比較，則兩年半前開刀時猶彼勝於此也。

1月16日　星期一　陰

職務

十二月份月報表於今日趕成，余乃於上午就表內顯示各數起草致紐約之信，近午而成，立送馬副總經理，馬君頭腦甚靈，對於最後余所計全年之盈餘超額20%與其另一資料有關之同樣比率相較，不相一致，乃交余重核，且對於若干費用增加之說明不夠詳盡，亦囑加以補充，於是乃核對表上細數予以修改，其後彼又見次要增加數未加指出，又囑再度加入一段始畢，該函於下班時發出。另送之十二月底資本支出月報表，因與帳上相較有小差額，乃以帳計為準加以修正，由周君為之，但余發現其連預算數亦改，誤矣，復改回。

1月17日　星期二　陰

職務

開始編製本月份 Payroll，此次仍難免小錯搽改，然未全頁作廢重寫，故費時不多，大約半天即初步完成，只待補填支票號碼及開寫支票矣，此次本擬將今年考績加薪開始發放，因為時不及，須下月再補矣。編製上月底之其他應收款明細表，此表乃同仁掛欠款項為多，為趙總經理囑每月填製者。代辦公司登記之程寶嘉會計師囑以建廳主辦人口氣寫驗資記載一段，寫明某月某日由何科目轉入資本額，如此即不復前來查帳，但據云尚須將有關帳簿由程君取去待其來時蓋章云。

1 月 18 日　星期三　晴

職務

上午開始編製年終獎金表，發覺年底決算時所採之數字仍有出入，此因其中有一同仁年初與年尾待遇不同，依規定為二個月薪額，從寬計算即為其最後薪額，並非全年實支數之六分之一，甚矣做事之不能全免於錯誤也，而複核再複核之為重要可知矣。

瑣記

連日陰雨寒冷，陽明山謂已降雪，甚多人士上山欣賞雪景者，晨起室內溫度在台北為八、九度，入夜非生火取暖，耐之不易，如此寒天非年年所有，今日放晴，而溫度亦漸升矣。

1 月 19 日　星期四　晴

職務

本年查帳之 Sycip 人員對於瑣碎事項依然喋喋不休，蓋彼等之重大事項不在證明財務狀況之如何，而在對其委託人 Arthur Young 所出報告如何剪裁適中，換言之，即應註明者不能省略，但亦不能太多，而不應註明者，亦不應辭費，故其最佳之辦法即為釜底抽薪，希望被查者之鉅細皆能接受其意見，今日又有數事，但查係 Mobil 自相矛盾囑辦者，殊無能為力也。趙總經理謂年終決算沖銷利益為前日止，彼不贊成，其中大部為利息，應歸土地購置成本，余告以限於 Mobil 會計規則云。

1月20日　星期五　晴

職務

公司對外最繁瑣之事莫過於填發表格，徵信機構、金融機構，以及因作他公司之擔保（個人名義，但因主管本公司乃須填表）等，在在要表，又有經濟部、外貿會、建設廳，更不可或缺，余今日填表三份，其一為趙董事長之連帶公司友寧借款用填交土地銀行之表，其二為開發公司去年第四季產銷季報表，三為經濟部統計處之生產快報，尚有中華徵信所與外貿會兩表待填而不及填完，以前大陸下層基層組織有所謂臨表涕泣者，此亦彷彿近之。

1月21日　星期六　晴

職務

上午協助馬副總經理核算年終考績加薪計算表，余見其內容大體為總副經理支兩個月獎金，次級人員一個月獎金並加月薪二百元，普通人員則加一至五百元月薪不等，若依月薪換算百分比，則總副總經理等於加16.7%，次級人員則10%，而普通人員則5%至50%不等。紐約來文中有 Commission Cost 一詞，余未前知，適查帳人員在此，立謂此即指直接工資與製造費用，此一名詞非成本會計內完全引用者，然經查閱數本會計亦始知其涵義，可見孤陋寡聞之不可免與應求可免也。

1 月 22 日　星期日　晴

慶弔

今日為陳故副總統誠七十冥誕，光復大陸設計委員會備有交通車於上午八時半赴泰山墓園致祭，余亦參加，因天氣晴和，憑弔者絡繹不絕。

閱讀

昔人形容讀書有得曰開卷有益，其實多數書刊固讀後未必有得也，有之只有 *Reader's Digest*，此刊物本不為余所喜，然自六、七年來以偶然之機會發現其中平凡處與不平凡處之後，即成為良友益伴，今日讀九月份美國版數篇，以 Unforgettable Bernard Baruch 及 Letter to a Well-Intentioned Parent 兩篇，均可當文情並茂之譽。

1 月 23 日　星期一　陰雨

職務

複核周君所作之年終會計報表，凡三十餘張，皆須於二十七日到達紐約者，余之複核重點大部在於其採用資料之是否合於要求，數字方面，只對於有疑問者或渠不能填出請由余補填者，如長期負債之類，今日大體上均已閱畢，只餘一種保險表，渠只囫圇填一總數，待余明日補充之。馬副總經理公佈考績加薪，其方式為會同部門主管逐一面談，事先並詢余以本處同仁加薪情形如何，余認為大體可稱允當，只在百分比方面，孔、王二君只有百分五、六似太低，彼謂如將去年大數加級掣算，則不低矣云。

1月24日　星期二　陰雨

職務

以半日之時間填製年報表中之保險明細表，此表須填一年內各類保險費與收到及未收到賠償費之細數，因資料散見出口費用、原料進口成本、管理費用以及預付費用，乃至有收到賠償立即支付修理材料而未經其他有關科目者，全賴思想周密的予以蒐集，故表面簡單，實甚複雜也，此事完成後即起草發送之函稿，並對於去年紐約來函對年報表所指之缺點加以檢點，以明有無重演之處，故前後瞻顧，煞費周章也。

1月25日　星期三　晴

職務

訪經合會王覺民專員，探詢本公司申請聚苯乙烯五年免稅案現況，蓋上次余與葛副總經理往訪，其時彼奉李國鼎部長指示簽註意見，今日告余謂已簽註，主張經部應答復建設廳照通常申請案轉報，但此案既為經濟部交辦，經合會投資業務處無案，現在該會處於協調地位，認為政府雖在核准本公司列入類目予以獎勵前即已對於限以苯及乙烯製造有所討論，然既漏未通知本公司，在本公司不應受此無妄之災，該會希望本公司對經合會來一公文請求主張公道，王氏並謂財政部主管科對此事態度欠佳云。

師友

朱興良兄來訪，因承購台中住屋之國有土地商借五萬元，余允星期六前辦到。

1月26日　星期四　陰雨

職務

今日幾乎終日為應付填表工作而忙，蓋有因久久不填而來信或來人催促者，亦有因不填而發生不利後果者，故雖極難辦而消耗時間，然不能不亟謀應付也。

家事

德芳率紹彭在員林讀書，今日放寒假，下午回台北，余與紹因往接，紹彭寒假如能轉學，即可不在往也。晚與德芳談朱興良兄借款事，余預料德芳對為數太大一點甚費躊躇，此亦為余同感者，然德芳則懷疑至是否真有其事，乃至縱真有其事究竟是否朱兄所借，則非余始料所及，且思考如此曲折，亦斷非常情中事也。

1月27日　星期五　晴

職務

為發年終獎金，高雄廠來函請撥款，余對其職員部分因可以與薪津冊核對，按兩月計算即知，工人部分則因計算複雜，未遑複核，當傳票作好持請趙總經理簽字，彼以此為問，余只模糊答以亦為二個月，彼記憶則為一個月，而請款數則在一至二月之間，經複核往年記錄，知確為兩月，而臨時工則為按作工年期長短之固定數，不足兩個月，自五十二年起即然。

慶弔

陽明山同學胡國振君病逝，今日治喪，上午到市立殯儀館弔祭。

1月28日　星期六　晴

職務

上午發放年終獎金二個月，與往常每月發薪方式相同，由銀行轉帳，但今日另發一項考績之獎金，總副經理二個月，經理階層一個月，係由余向銀行一次支出現款，然後分包交馬副總經理致送，所以採此方式為避免一般同仁之注意，彼等亦只從傳票上知此款總數，其實所引起之反響並無不同也。

娛樂

下午同德芳及紹寧到兒童戲院看「星星月亮太陽」，尤敏等演，尚佳。

1月29日　星期日　雨

體質

鼻疾似與氣候有關，月來陰雨連綿，兩鼻腔分泌物加多，而味覺有時數日不辨，僅舌尖略知鹹甜耳，數日來天氣放晴，忽偶有恢復之感覺，而分泌物亦略少，又有奇異現象則有時因工作緊張而能長時無分泌物，西醫認鼻疾為過敏性，信然歟？

娛樂

晚，同吳伯實看電影「藍與黑」，此為王藍長篇小說，林黛、關山、丁紅合演影片，三小時半始畢，以抗戰大時代為經，以青年男女間之悲歡離合為緯，交織為一可歌可泣之故事，哀艷動人，國產品難遇之作品也。

1月30日　星期一　雨

職務

本公司聚苯乙烯在設廠時本已請准財政部專案免稅五年，但至獎勵類目列入時又忽加入以苯及乙烯製造者為限之字樣，於是生產後申請免稅遲遲不准亦不答復，數日前王覺民氏告知內情，認為經合會可出而協調，囑本公司正式去文，余因事務太繁，直至今日始匆匆將公文擬就，將近千言，主要內容為法律不溯既往，類目所設之限制應以公布後製造者為限，更重要者為政府獎勵投資乃既定國策，尤其對外資之法令政府亦保持信用，萬不可朝令不及夕而改，貽因小失大之譏焉。

1月31日　星期二　陰雨

職務

去年曾草擬資本支出核定標準一種，末條規定經董事會通過實行，直至去年底舉行董事會時始行提出，董會紀錄例須送外籍董監事，故皆有英文譯本，此一條文為董會秘書吳幼梅君所不能譯，乃交余為之譯述，而每日事務繁忙，延至今日始為之譯就，適余見吳君報支託人譯董會記錄之報酬，知彼等花樣殊多，余本不願譯此文，然轉託他人更難有勝任者，只好於百忙中為之，自思為公司謀者可謂周矣。

師友

李德民君夫婦來訪，談其就某紡織公司事尚有待，李君並贈薰雞。

2月1日　星期三　雨

職務

紐約來函查詢去年曾以累積盈餘沖轉報廢機器淨額二百餘萬元一案，緣原經辦之人員似已離職，來函皆係新近接辦，此一案件本為其前任所非議，認為只可在當年盈餘內出帳，經本公司及東京 Kinsella 去函堅持，始允本公司帳維現狀，而紐約自行調整，現又來函提出五大問題，似舊事重提，經詳加解釋，草擬復函，甚費思索，亦難題也。此次月算期間將為舊曆春節所延誤，乃通知工廠催速寄資料並囑朱會計課長於星期六晚北來，星期日照常工作。

2月2日　星期四　雨

職務

連日對紐約要求之事務已大體均應付過去，尚有一最大之工作即為 1968-1972 之五年 Objectives，今年因 Mobil Chemical 業務不甚順利，正在作澈底之自我檢討，故在正式之五年業務計劃編印以前，先通函各單位作 Assumptions，其中主要為將主要產品之市場情況作前五年與後五年之檢討，依據此項檢討再獲致結論，將來據以正式編製 Objectives，評審其內容以業務處主管事項為最多，工程部分次之，本處不過彙總編成一項文件而已。

2月3日　星期五　晴曇

職務

為本月份擴大會報，馬副總經理囑余準備一項報告用之會計資料，余初欲作比較損益表與資金挹注表各一，以示對於損益與資產負債兼顧之意，損益表作成後即以去年一年資料作現金挹注表，不料因折舊與長短期負債之劃分等關係，而致不能平衡，而時間不夠，中止編製。

旅行

下午乘光華號火車南下，同行者公司同仁吳幼梅、高銓、潘永珍等，住預定之華園飯店，光華號直達柴油車為最快之客車，行四時三刻。

2月4日　星期六　晴

集會

上午開始公司擴大會報於高雄廠，出席者二十餘人，包括公司與工廠一、二級主管，由馬、葛二副總經理主持，並報告二年來經營之比較，討論時先後有涉及會計與財務者為：(1)客戶對帳事，工廠主張先將對帳單送業務處與工廠核對後再行寄出，余表示不反對，但將寄發時間拉長可慮，最後決定保留；(2)保險費事，工廠主張將押品保險不屬製造費用，余報告此保費實非因抵押而支付，縱不借款，保險依然照保。晚在厚德福聚餐，全體員工（除公司在台北者外）參加，計百餘人，為公司首次大集會，並摸彩，頗極一時之盛。

2月5日　星期日　晴

旅行

上午九時二十分由高雄動身北返，乘觀光號火車，於下午三時二十分到達，此車甚遲，但路上可以看書，不浪費時間。

家事

晚，同德芳到永和鎮探望姑丈及表妹之子女，送食品並約來寓晚餐（年夜），但姑丈不肯，乃約定屆時送餃子到姑丈家自煮。

師友

原都民小姐來訪，贈送食品，係因德芳曾由員林寄橘，特來答謝。

2月6日　星期一　晴

職務

一月份之結帳因逢舊曆年節，必須趕早，因工廠與公司之配合適宜，今日已將大部傳票作好，營業稅亦往報繳，只餘一切由營業處提供資料之帳項如佣金等尚在等待，未知有無拖延之可能。

師友

晚，朱興良兄來訪，還上月所借款五萬元中之一萬元，謂所購國有財產局之宅地已經承購，因可以分期付款，故目前不必全數支付，乃以一萬元先行歸還，余告以當於日內先還其抵押借入之合會款，以免多耗利息，不必先還余之所借現款也。

2 月 7 日　星期二　晴

職務

今日舉行小型業務會報，討論各單位之聯繫配合問題，其中牽涉最多者為業務處與高雄廠之間，其中較為單純者為工廠與會計處之間，然最近發生一項工廠對本處誤會事件，余乘機表而出之，以示錯誤究在何方，並認為最重要者為認清事實，切忌態度偏狹與意氣用事，此次之事原由客戶對帳而起，工廠不克認明其本身有疏漏，遽責本處以不應在未明底蘊前即行寄發對帳單，完全為一種不肯實事求是與自護其短之偏見，且態度惡劣，惡言向人，亦不當也。

2 月 8 日　星期三　晴

職務

今日為舊曆除夕，上午將春節假期後應立即從事之工作加以籌劃，其中最重要者為須支付進口原料與關稅等款約二百萬元，現在只有一百餘萬元，故與花旗銀行以電話聯繫，洽妥星期一用款一百萬元。

家事

下午到中和鄉姑丈家贈送食品、水餃等物。

交際

中午，公司與聯繫公司華夏、友寧等公司在第一大飯店十樓聚餐，觥籌交錯，盡歡而散。

2月9日　星期四　陰雨

交際

上午出發拜年，先到台達公司與各同仁同乘交通車赴天母趙廷箴總經理家，然後折回分至葛維培與馬賓農二副總經理家，即行解散。上午與德芳到永和姑丈家拜年，又到冷剛鋒家，回台北至樓復老先生家，及近鄰林石濤與姚冠午二君家拜年。下午到景美喬修梁處與大坪林劉振東先生家拜年，回台北並分拜廖國庥、黃德馨、王文甲、楊紹億、金鏡人等家。來拜年者有王一臨、廖國庥、王培五、戴慶華夫婦、吳先培、李德民夫婦、金鏡人、樓有鍾、黃德馨、林石濤、冷剛鋒、李華剛、李華強、于政長、于濟長、李德修、隋玠夫、王德垕、孔繁炘等人。

2月10日　星期五　陰

交際

上午同德芳出發拜年，計到之處為杭州南路戴女士夫婦、連雲街李德民夫婦、中正路復旦橋佟志伸夫婦（昨日來），然後德芳一人往拜李公藩夫人，余往拜樓有鍾、吳邦護、隋玠夫等家。來拜年者有張中寧、曹璞山、童世芬夫婦、曾明耀、喬修梁、周天固夫婦、楊紹億等，昨曾回拜王一臨兄。今年照例有政大同學會與山東同鄉會之團拜，但均因時間衝突，未往參加。因年事日增，友人中拜年者漸少，余則亦漸採回拜方式，不取主動，比前從容多矣。

2 月 11 日　星期六　陰雨

交際

上午，出發拜年，德芳一同，先到通化街周天固兄新寓，然後赴板橋童世芬兄家，僅其夫人及長幼倆女在寓，長女童綷新作會計學出版，以一冊相贈，此女已升大學副教授，用力甚勤，刻正補習英文準備出國云。下午余單獨出發回拜，計到王德垕君家，新移古亭區公所後身一女中新宿舍，再到民權西路 102 巷曹璞山兄家，僅其夫人在寓，曹兄刻在警務處，其夫人則擔任一營造廠會計，然後到李德修君家，最後到中正路王景民家（王君昨曾來拜，並贈水果）。趙榮瑞君來拜年。

2 月 12 日　星期日　陰雨

交際

拜年已成尾聲，今日往拜各處為趙榮瑞、張中寧、曾明耀等家，並與德芳回拜王培五女士。

參觀

下午同德芳到歷史博物館看歲寒三友畫展，除現代人者外，尚有鄭板橋、余紹宗、王小梅等近代人作品，並有在台畫家揮毫，即以抽籤贈觀眾，計十餘幅以助興。

家事

上午同德芳到一女中為紹彭報考省立各高中轉學生聯考。

2月13日 星期一 晴

職務

到花旗銀行借款一百七十萬元，其中部分為外銷貸款，以三張信用狀為根據，部分為票據貼現，因一張票據有超出九十天者，故只按到期前三天為期限，屆期當先由本公司墊款為之交換，三天後再行收回云。下午舉行小型業務會報，為輸美一批 PS 加工品之實際盈虧情形加以檢討，余依據帳列數字，指出收入二十一萬餘元，支出二十二萬餘元，故淨虧一萬餘元，但若將原料退稅計入，則尚可轉虧為盈，惟因退稅案尚未決定，故細數待進一步計算云。

2月14日 星期二 雨

職務

編製出口紐約一批加工品之盈虧計算表，昨日本已完成其一部分，今日更由出口方面獲得估計之原料退稅數額，抵算結果，轉虧為盈，約可獲利百分之七，但此中仍有武斷之因素與未計入之因素，前者為成本中之固定製造費用部分，此部分係與其他產品之固定製造費用混和，依據比例分擔而來，後者為推銷費用之固定部分，如經計入，亦為一項人為計算方法分擔之費用，若再將管理費用依比例計入，則難免又轉盈為虧矣。

交際

晚，參加美援公署同仁歡宴由越南歸來之葉于鑫兄及即赴越南之劉明德、吳學忠。

2 月 15 日　星期三　晴

職務

編製本年一月份資本支出月報表，發現因該表須按月份分配預算與實支加以比較，而月份分配預算迄未成立，乃趕用電話通知高雄廠速即補辦，先以電話報告數字，至晚而獲，又通知工程處速行對於新計劃補具，亦允於明晨辦就，余則先將其他數字彙齊，以待兩方來數後再行加入。

瑣記

舊年前曾在文星書店訂購四書五經一套，乃依紹南來信，代董神父所辦，據云以預定為限，余欲取兩部不允，其後德芳又以電話交涉始允。

2 月 16 日　星期四　晴偶細雨

職務

趕辦上月份會計報告，包括月計損益資產負債與資本支出表等項，及解說公函兩件，費卻全日之時間，此次因假期關係，比平時延遲三天，電報則昨日發，遲二天。

師友

晚，蘇景泉兄來訪，閒談。晚，朱興良兄來訪，回台中過年，甫於星期日來北。

瑣記

昨日張寶文會計師來訪，因台北即改院轄市，渠與市府接洽籌備市會計師工會，邀余為發起人之一，余雖無興趣，且此事決不簡單，將來正式成立，仍難脫現在本市台灣省公會人員之勢力，然為其意難卻，故蓋章參加。

2月17日　星期五　晴

職務

本月二十日應發薪給，因先一日為星期日，故須提早準備，今日已將薪津表編製就緒，此次特別費時，因每人均有加薪，且須補發一月份差額，每人將總額計好後，須按起扣額計算扣繳綜合所得稅，另須按薪給全額而不包括加班費等臨時收入，計扣本公司所規定之退職公積金，略一不慎，即有錯誤，然因小心謹慎，尚未致因此而有重寫之繁，反之，因一董事於上月發薪後始告知國內無住所，請補扣所得稅，而為數甚單純，在大意之時，竟至遺漏，而全張因以重寫，凡事敗於忽，信然。

2月18日　星期六　晴

職務

本市有一林聚元石油化學公司，建廠二年有餘，製造聚苯乙烯，至今無成，而資金已罄，正吸引增資，並圖借款，馬副總經理由外間獲得其財務資料，因其業務相同，囑翟總工程師與余分別加以分析，余於今日先就其資產負債部分綜合觀察，認為所缺資金尚多，一千五百萬元無濟於事，而固定資產須達六、七千萬始可生產，投資實嫌太多，損益情形容下周續予分析。

娛樂

下午到中山堂看國民大會春節聯歡會之憲光康樂隊表演歌舞，尚佳。

2月19日 星期日 晴

家事

紹彭於昨、今兩日投考北市高中插班生一年級考試，昨日由德芳陪考，今日為半天，由余陪考，第一堂為數學，據稱成績不如理想，第二堂開始時余即先返，此次插班生考試與考者近千人，由八個省中聯合辦理，26日放榜。

瑣記

聞泰山有一泰山紡織廠按廠價出售衣料，下午同德芳往看，見所織 brocade 衣料甚多，花樣不少，為送人及自用，共買六段而返。

2月20日 星期一 晴

職務

寫完林聚元石油化學公司增股計劃之審核報告，今日所寫為損益部分與結論，其損益情形係由去年十一月三十日之決算表摘出，發覺其中有折舊低列，利息低列等情形，故淨益百分之五已屬不高，然猶有虛列，至計劃中之聚苯乙烯生產後售價所定亦高，若以本公司批發價衡之，則亦將無利可圖，因此獲致結論，此 公司在原基礎上合作，絕無利益，如須合作，先決條件為根本重估其淨值，並由工程人員查核其已有機器究有若干有用者云。

2月21日　星期二　晴

職務

自本年起之工廠成本分為 Variable 與 Non-variable 二部分，此為依據 Mobil 報表格式所要求，而 Mobil 之 Manual 則未曾一語及此，故只有暗中摸索，其報表除將費用分二部分外，此外於銷貨與管理費用以及毛利算法則全然如舊，本處周君依此擬一製造費用分攤辦法，將不變部分仍然按產品分攤，加工品工廠則依產品別為第二度之分攤，余今日詳核其辦法，改正後即將頒行。菲律賓查帳人員於今日來與馬副總經理談其去年度帳務查核結果，余亦參加，甚瑣碎，實無重要事項，彼未云留下供閱，余亦未作此要求，聽其自然，諒無問題也。

交際

晚，請稅捐處黃闇、林士勳及潘君等在馬來亞吃飯。

2月22日　星期三　晴

職務

去夏所申請之電木粉與聚苯乙烯五年免稅案，其中電木粉部分之建設廳查核品質與設備及資金來源等項之證明書，今日始到，然其中仍聲明聚苯乙烯部分因生產程序與獎勵類目所定略有不同，正待經濟部核示之中，尚不知待至何時，據悉經濟部立場與經合會無異，均有利於本公司云。55 年度營利事業所得稅藍色申報稅捐處有不肯延展之表示，勢須於三月底提出，故著手趕辦，並通知工廠亦趕辦中。

2月23日　星期四　晴

職務

上午，同主管採購之高銓君到花旗銀行與楊副理鴻游及代理經理 Maserve 與 Grave 等人商洽器材貸款美金九萬元手續問題，此事本早已核定，因等候紐約之新 Expandable Polystyrene 計劃批准而遲遲未辦，昨日紐約電到，乃加緊進行，據該行表示，原請之貸款為五年分期歸還，但經分析財務情形之結果，認為一年即可還清，故打算以一年為期，本公司之立場不同，乃商定照五年向外貿會申請外匯，但要求如資金充裕時，亦可提前結匯歸還云。

2月24日　星期五　晴

職務

本公司原以福美林起家，原為獨占產品，現仍為半獨占產品，而大部利潤來自此一產品，另外已出品年餘之聚苯乙烯與電木粉，則全恃在計算分擔推銷費用管理費用比例時，儘量予以少攤而勉獲不虧損之結果，福美林之五年免稅將於今年七月底滿期，故將來出路應充分注意云。

家事

紹南曾託祝引瑛小姐由華盛頓帶來物品，祝君並自贈德芳絲襪，晚與德芳往答訪，並贈衣料，僅遇其母，略事寒暄而返。

2月25日　星期六　晴陣雨

職務

上午，到稅捐稽徵處第一課訪袁繼堯君，因本公司五年免稅申請案係由彼經辦，前因建廳證明文件未到，彼將本公司之件暫行退還，現因證件已到，乃備文補送，並依袁君之囑，送公司章程與股東名簿，為恐尚有問題，乃請其先行過目，據稱文內對於建廳尚有他件待補一點，可不必提，以免又遭延擱，余即回公司將該文修改。

娛樂

下午，同德芳到兒童戲院看國產片香江花月夜，為一五彩歌舞片，極其絢爛，情節亦尚不牽強。

2月26日　星期日　陣雨

家事

五省中轉學考試今日放榜，余到一女中看榜，一年下取三百餘人，但紹彭仍未獲錄取，其最失敗者仍為數學也。

師友

陳長興兄來訪，閒談，彼去年四月即已離去台北紡織廠廠長之職務，年來即在新竹家居云。

體質

右下臼齒所作之 cement filling 於上星期四脫落，次日到聯合門診中心由陳立元醫師重補，當日使用微痛，後則漸好，但連日仍略怕冷熱。

2 月 27 日　星期一　雨

職務

經營旬日之五年預算前奏曲 Assumptions 營業部分已交卷，但經余與紐約規定事項相核對，發現大部分並不相符，誤解太多，又將費周章矣。上月底余在高雄期間由周煥廷代理編出半月報告，今日發現有誤，蓋彼誤將對客戶之應付帳款作為對華僑銀行之 Usance credit，果係如此，亦應有六釐利息，彼又註明無息，由矛盾始發覺此中有如許不符之處，乃於次期報告內加註改正。

師友

下午到航空站歡迎崔唯吾先生夫婦及女公子由美回台。

2 月 28 日　星期二　雨

職務

趕寫三月份舉行之業務會報報告，於下午交卷。下午同翟總工程師與吳幼梅經理討論吳君所寫五年計劃中之 Assumptions 資料，其中多有缺少與不妥處，經翟君指出特多，余則只論其體例方面，討論後決定明日再繼續交換意見。建設廳之鍾君來告聚苯乙烯免五年所得稅案已奉經濟部指示，就其所應證明事項提出證明，至於免稅有無困難，已轉函財政部辦理云，晚約其食日本料理。

集會

參加小組會議並補辦本年黨籍總檢。

3月1日　星期三　晴

職務

全日在商業大樓舉行工業界所得稅申報講習會，上午為營利事業所得稅，由市稅捐處第一課擔任講解，以查帳準則為中心講題，間有為平時該處人員所不提起者，下午由第四課擔任講解，以綜合所得稅申報之綜甲、綜乙兩實例為中心講題，並提出解答各聽講人之問題。

交際

晚，由慕華公司召集舉行外資單位會計人員聚餐，現在有近二十家之參加，有提議作遠足旅行者，尚未決定。

3月2日　星期四　晴

職務

兩次到花旗銀行接洽 Expandable Polystyrene 計劃之貸款問題，蓋挪威供給 Know-how 之廠家須先收到本公司美金一萬元始供給圖說，而此款之貸出便在該行確實知悉該計劃之可以請得外匯還彼貸款，而外貿會已口頭允許可以照該行條件即分五年歸還，但款裕時亦可提前歸還，遂將此意表明於致該行公函內，要求即付一萬元，經於本日匯出，函內並請辦一同意書，俾憑持赴外貿會作為提出申請外匯之根據云。

3月3日　星期五　晴

職務

本日為填製經合會之去年度調查表費去預料以上之時間，大約為去年外銷數字因已有向外貿會及開發公司填報資料可查，以為可以依樣葫蘆，未料經合會所要者乃分商品之數字，且須量值二者，今日乃依據銷貨簿加以分析，又因商品有張冠李戴，核對費時，乃不如預期焉。友寧會計陳君為趙總經理報綜合所得稅，未商量去年本公司緩扣紅利一案項下之緩扣部分所得應如何列報，原告以尚在複查未定案中，似可照額報稅，以待將來核退，為恐補稅而不列入申報，恐不甚妥。

3月4日　星期六　晴

職務

1968-72之Objectives之Assumptions一章，今日又將全部資料集中於余處，工程與業務兩部門並云已經集齊，但經余檢視仍差兩個部分，其時已為下午，皆已下班，又只得延至下星期一矣。紐約來人Stark與馬副總經理談公司變更登記與今年盈餘分配轉投資，及可能之營利事業所得稅與股東綜合所得稅之扣繳與緩扣等問題，馬君不甚清楚，乃約余與吳幼梅君參加，移時即已完全了解其梗概，Stark之思路極為清楚。

師友

同德芳訪韓華珽兄於板橋，贈紙簍及食品等，韓兄養雞，食其自育之蛋，並飲自泡之人參酒，甚有鄉趣，僅所話非桑麻耳。

3月5日　星期日　晴

瑣記

自去年學黃鼎丞兄之閩省釀法由德芳製紅露酒甚為成功，今冬加倍為之，今日酒成，計裝一斤瓶四十餘瓶，其中原用之瓦罈二隻，一較薄，一則極醇也。

交際

中午，本公司同事高秀華小姐在其家請同仁數人午餐，到林天民、汪菊珍、王昱子及金毅等，有素食之客，故素菜多色，甚見匠心。

3月6日　星期一　晴偶雨

職務

下午，舉行本月份業務會報，討論事項以工廠生產方面為主，余於書面報告後並提出補充，即三月二日曾將 Expandable Polystyrene 計劃之 Know-how 費第一期美金一萬元已由花旗銀行在未待外貿會核准外匯前即已匯出，爭取時間不少。以半日時間整理由業務與工程兩方合擬之五年 Objectives - Assumptions，因業務方面不無重複與缺少部分，故仍未完畢。

3月7日　星期二　晴

職務

舉行小型會議商討對美國 Venetian Aire 之 PSF 加工品報價事，又商討五年 Objectives 之最後修正事，均由馬副總經理約集者，對業務部分疾言厲色，均嫌太過。到稅捐處接洽五年免稅轉公文事，決定將 PF 與 PS 劃分，

PS部分再度取回，待建廳證明書到達再送。

家事

紹彭轉學建國中學補習學校事，前由童世芬夫婦託其戚誼向學校及教廳接洽，茲謂已妥，日昨張中寧兄亦曾閱卷相助，取來驗名登記函二件，分致廳、校，因廳方已妥，僅由德芳持赴校方者其一件云。

3月8日　星期三　晴

職務

繼續於中斷數日後再作藍色中報資料，今日為將各項管理與推銷費用加以彙總，成為一個營業費用，得其總數後，以備加以自動調整。

家事

上午，德芳搭火車赴員林，接紹彭回北以備赴明日建國中學夜間補校之轉學考試，余下午在車站接二人時，因物件較多，紹彭遺忘其手攜之物品，回寓後半小時始發覺，紹彭急往尋覓，在行李外過道處竟未失去，亦異事也。

慶弔

到極樂殯儀館弔山東前參議員趙國棟君之喪。

3月9日　星期四　晴

職務

自二月份起又增加一種Estimate Report，原定於每月五日電告紐約以營業結果，但本月不及，延至今日趕出，由孔君供給部分資料而由余完成後發電，其中包括各產品之銷售量值、毛利總額、費用數額、淨利數額等項。繼續準備藍色申報應用資料，今日核算各項應調整減除之費用。

3月10日　星期五　晴

職務

整理二月份資本支出，分別填明 Authorization for Expenditures，並填製二月份月報表，現在已只限於資產科目與未完工程二項，消除未完工程轉入資產科目之轉帳數。寫作二月份月報表說明信函，此函又加新內容，將銷貨分類寫明量值，並列出最低價最高價與平均價等項，此為上次 Stark 來公司所要求者。宋作楠會計師事務所人員來談，其查帳報告發出後將有一建議事項表送來，先對內容與余交換意見，余除對於已經辦妥之事項予以刪去外，其餘不問能否做到，皆無疑義，但聲明有為實際環境所限不能立即做到者云。

師友

晚，同德芳訪周玉津教授，面託轉託顧元亮教務長為紹南、紹中帶毛線衣與紅茶、菊花與酒麴等。

3月11日　星期六　晴

職務

上午，吳幼梅、翟元堃二人所作 1968-72 Objectives - Assumptions 日昨再度整理就緒，今日由馬副總經理約集關係人員吳、翟二人及葛副總經理與余重新逐字逐句加以審核，作為定稿，限即日打好寄出，於是因打字人員不足，昨已完成之二月份月報表即須延至後日再發矣。

娛樂

看中山堂電影「女秀才」，凌波主演，女扮男裝，黃梅調，平平。

3月12日 星期日 晴

體質

牙齒可用者只有右面，且係輔以下面之假牙，過硬之食物仍然不濟，左上臼齒本缺後面二顆，咬嚼勉強可用，在右面假牙裝配以前本只用左面，其後則兩面可用，數月來情況又變，即左面又有臼齒十分畏冷熱，結果變為幾乎不能再用，陳立元醫師謂拔除裝假牙亦不易做，但可用藥使不畏熱冷，然已診療近半月，間日一次，似仍無成效也。

3月13日 星期一 晴

職務

到花旗銀行洽詢該行代洽紐約總行，為本公司存款在支票簿未收到前，馬副總經理到紐約可否憑預先備妥之簽用送存印鑑備函提取，主管洋人 John Graves 不在，錢君答謂可以不成問題云。到經合會大樓訪 AID 彭英傑兄，詢問本公司可否借 Cooley Loan，據云可辦，但近來 480 援款撥作 Cooley Loan 者已只存二百萬美金等值台幣，而申請者甚多，故難免有向隅之虞，如能一面申請一面先向華盛頓進行，或可加速而有捷足先登之可能云。

3月14日　星期二　晴

職務

去年 Williams 來本公司查帳，下月將由 Dillon 在此複查，且先來信要求本月二十七日前將處理情形報告紐約，而馬副總經理明日即行出差，於是要求行前將此一報告填好，其中半為公司之事，半為工廠之事，經昨日去電話約袁廠長於今日來台北，下午即會同資料，由余於今日全部趕好。下午又舉行一項臨時業務會議，討論立須舉辦之事項，余因趕寫報告，半途退席。本公司自明日起馬君出差，平添若干新事，今日並趕寫信函，備其持向紐約花旗銀行提支旅費，並通知花旗銀行其存款所需之董會記錄日期（General Resolution），此日期僅馬君與趙總經理知之，須補記錄云。

3月15日　星期三　晴

職務

上午開會審查昨日余所寫之 Williams 查帳報告之 Implementation Status 歷一小時，但原稿打字後校對費時，致有延誤。周君每月有產品別成本分析表，一月份尚未完成，原因為主張將現在逐月有高下之推銷費用之月份劃清，但又無迅速可行之辦法，只將待填之數字定格放置余處，不問不聞，今日馬副總經理問何以尚未辦出，彼即云在余處，其實此事彼一向直接與馬商辦，余見若採劃分辦法，必蹈以前周所主張之按每筆交易計算費用須俟付清為止不採估計之覆轍，故囑其照舊法以帳列數為準，以免曠費時日，彼仍強辯，言多不合，余亦不懌，事後深覺無謂。

師友

與德芳訪童世芬夫婦，道謝其為紹彭託友進行轉學建國中學補校事，並託代為轉致盡力最大之義教研習會孫君與補校訓導主任。

3月16日　星期四　晴

職務

開始準備三月份薪給表，因今年加薪係在二月份補發，一、二兩月份之薪給表上數字均不正常，故必須逐一重算，較為費時，然亦因特加注意，竟一字未錯。

瑣記

國大秘書處稅捐處協助辦理55年所得稅申報，今日往辦，較多便利。

3月17日　星期五　細雨

職務

余在台達公司主辦會計已近兩年，在此期間於應付紐約報表，辦理所得稅完納，以及中外人士之查帳，各方要求之提供資料，皆為經常而頗費周章之事，尤其若干紐約之要求，常常急於星火，馬副總經理因立場關係，只有奉命唯謹，於是詳細計劃周密部署之事少，而臨時抱佛腳，應付交卷之事多，且本處事多人少，其他部分有極閒散者，相形之下，亦常有不能對同仁要求太多之苦衷也。

3月18日　星期六　晴

職務

上午，舉行小組會議，與吳幼梅、翟元堃、周煥廷討論 1968-72 之五年 Objectives 問題，決定星期一必須先將Sales 與部分新產品之估計成本資料由業務工程兩部分提供，其餘財務資料由本處編入。Sycip 查帳人員以 Letter of Recommendation 一件來商量內容，其實此項內容皆為老生常談，余已不與爭論，早經討論同意，彼等原要求馬副總經理核閱同意，馬不在又欲葛副總經理表示，葛因不主管而辭謝，乃又要求余代表表示意見，余認為不便代表，文字請其在此情形下酌量修正，勿用 Management 或某某 agreed 等字樣云。

3月19日　星期日　陰細雨

游覽

上午，參加台達公司遊覽團由公司門前出發赴石門水庫及大溪公園游覽，一同出發者計共六十餘人，十時開車，十一時到達石門水庫，略作盤桓，在環翠樓上遠眺移時，於中午乘大型汽船順水庫上溯約一小時至一山地高崗，下岸游覽，然後原船回石門，其時為下午二時半，細雨濛濛，午餐在船上用畢，為各同仁分頭所採購，加以總務方面所購汽水與水果等，皆大快朵頤，二時半赴大溪，在公園游覽，形勢極佳，買豆腐乾及吃茶後，即登車回台北，計四十公里，於下午五時到達，今日之游甚為暢快。

3月20日　星期一　晴

職務

上午與業務、工程二部分續作討論1968-72 Objectives，余再度說明本處所需之銷貨資料，蓋業務部分竟採用一項紐約所定新格式，該格式本公司可以不填，毋庸浪費時間也。建設廳之聚苯乙烯證明書已寄到，其中只證明設備與品質相符。

娛樂

晚，同德芳觀大鵬演國劇，一為邵佩瑜之亡蜀鑑，唱做俱佳，二為王鳳娟、嚴莉華之金山寺，與徐渝蘭、朱繼屏、高蕙蘭之斷橋祭塔，俱有精彩之處，尤其徐渝蘭唱做均好，字正腔圓，比電視中有極大差別。

3月21日　星期二　陰雨

職務

繼續準備本年藍色申報資料，一面囑同仁加緊填製附表，一面自行填製總表之工作表，今日已將各費用科目之數字加以確定，蓋本公司之費用科目有須調整科目名稱者，有須調整金額者，經一一予以調整，並將營業外收入與營業外支出以及營業費用中之其他支出包括數個科目者，加以合併，俾在查帳時可以明瞭其來龍去脈，而便於追查原來之科目。

3月22日　星期三　雨

職務

繼續準備藍色申報資料，今日為外銷減列百分之二所得額問題煞費周章，緣去年出口達一千萬有餘，依獎勵投資條例之規定，得按百分之二由所得內減除，約可省稅三萬餘元，然須附證件，其中之一為結匯證實書，二為主管外匯證明，如由前法，須將傳票所附之證實書百餘筆全抽下，且改用 FOB 計算（部分為 C&F 或 CIF），如由後法，則須用外貿會實績卡，然須逐筆與帳上核對，範圍應求一致，二法均須費甚多時間也。

交際

晚與華夏、友寧二公司共同請稅捐處中山分處有關人員在欣欣晚餐。

3 月 23 日　星期四　雨

職務

續算藍色申報內資料，今日考慮一較大之問題，即免稅產品在課稅所得中之百分比，係照全銷貨額與免稅品之銷貨額二者相比而來，但其據以計算百分比之課稅所得金額，係經營淨所得款，抑係減除各項得以免計入所得之獎勵額後之餘額歟？依前者比依後者為大，約略可差三十餘萬，雖財部官員認為應採後者，但並無文字根據，去年余採前者，由於根本不必課稅，雖採後者亦無實質上之差別，故未引起問題，余現決定採用前者，如有問題即在結算時折衝也。

3 月 24 日　星期五　晴

職務

依據去年盈餘情形，擬具紅利處理方式，蓋所得稅法限制累積盈餘達資本額四分之一以上者即須增資，否則亦須派繳綜合所得稅，故今年仍須增資始合規定，為增資數額便於分配於全體股東，擬以六百萬元為準，但亦可增九百萬元，此二案均可依獎勵投資條例第八條緩扣股東綜合所得稅，因以九百萬元計算，除去按第七條規定可以270萬元擴充設備免扣外，所餘630萬元尚不及本公司去年所欠設備債款減除以去年盈餘緩扣部分之餘數也，惟緩扣案尚在複查程序中，將來又多一案中案而已。

3月25日　星期六　晴

職務

到花旗銀行核付最近兩筆放款息，其中之一筆為九萬美金設備貸款息，該行誤算日期至十餘天之多，此乃銀行一般所絕無之事也，又該款須憑該行之同意書一件向外貿會申請外匯，以分期還付其美金，該行半月來未經送來，今日洽詢楊鴻游副理，彼云已辦，再詢外員Graves始知尚在法律顧問研究之中，此亦非普通銀行所有，有如該行總行開戶存款必須有董事會授權之紀錄，實非吾國一般所能想像者也。

3月26日　星期日　晴

師友

上午，同德芳到新店碧潭訪崔唯吾夫婦及崔玖小姐，因崔小姐日內即行回美，故送贈拖鞋與錢包各一，以為紀念。

游覽

上午與德芳由新店搭公路車赴烏來游覽，已數年未往，該處已有甚多改變，不但烏來街市餐廳、旅社林立，即瀑布區亦多此種營業，而最為改變者為台車改為沙發座，又瀑布之山巔有纜車，而瀑布之街上又有極多山地小姐供游客一同拍照，且能操英語招待洋人，余等在烏來午餐，游瀑布後回烏來候車返北。

3 月 27 日　星期一　晴

職務

趕辦藍色申報，已將總表製成，本年盈餘千萬元，本應完稅一百八十萬元，但由於獎勵投資條例之優待，福美林仍在免稅期間，即占免稅之 56%，擴充設備又可免稅所得 25%，外幣債務兌換準備金又可提 7%，外銷產品又可減免 2%，最後只須完稅六、七萬元，除去已經預估自繳，只須補數千元而已。藍色申報中之財產目錄工廠部分已製就，總務處生財器具則因些微不符擱置不編，今日余為之核對解決，始無問題，又該處生財器具盤存數月前辦妥，原以為按實數點查，今日始知短損數仍然列入，完全失去意義，真匪夷所思也。

3 月 28 日　星期二　晴

職務

與葛副總經理翟總工程師及採購組高主任商談，華夏借款三百萬元事，所提方法之一為由趙董事長即寫借條一張，以華夏借款方式為之，此法不合公司運用資金之規定，其二為由業務處提供客戶訂單，由本公司向華夏代購 PVC 三百頓，由本公司出給 Purchase Order，在不足一月時因不能交貨而退款，並將本公司用此項定金所負擔之利息予以算還，商量結果認此法為差強人意，余將由高雄交通銀行透支戶用一百萬元，此間合作金庫用信用借款二百萬元。

3 月 29 日　星期三　晴

游覽

今日為革命先烈紀念休假，上午同紹寧到陽明山賞花，現在已近花季尾聲，滿山只有杜鵑，櫻花、梅花俱已謝盡，然春回大地，一片青蔥，亦自引人入勝，而各處佈置點綴，日新月異，如小隱潭之幽邃，公園內之百花齊放，俱屬難得。

譯作

續譯開發中國家之農業新用問題第五篇「信用之條件」，今日只開其端，成二千字。

3 月 30 日　星期四　晴

職務

接紐約 Mobil 一項規定，對於新工程進行中有一套之 Progress Report，圖表共達七、八種，財務方面有一種，除當月之 Expenditures 外尚有 Commitment，此又為包括若干繁多工作之項目矣。業務處對國外定貨有支給介紹佣金超出外貿匯所定限度，須由其他無佣金客戶結匯外幣內頂替扣給之事，徒然引起帳務上之混淆不清，故囑極力避免，現又有一筆報價錯誤，須頂替以佣金挖補其回扣，經余通知以台幣支付折讓方式處理，以求帳面之簡單合理。

3月31日　星期五　晴

職務

藍色申報因等候周君部分明細表，至午始竟，下午即用印裝訂，於三時馳赴稅捐處申報，先到總處，但不接受，其實報上刊有該處一課、四課，不知作何解釋，乃至中山分處，人隊極長，無法只好等待，約半小時而畢。公司若干現象極不合理，其一為多數高級人員均另有經營，或貿易，或掮客，或小型工廠，其二為漸有敷衍掛名之事，無人解決，如本處之徐太太，每天來公司點卯兩次，不但無可工作，且逢人談天，擾亂次序，管人事者干涉無用，求救於余，余亦恐喪失威信，只好佯作不知矣。

4月1日　星期六　晴

職務

稅捐處要求填送一項歷年盈餘及分配調查表，其目的在明瞭各公司完納綜合所得稅、營利事業所得稅、以及依據獎勵投資條例因轉投資而免繳與緩扣等情形，因表式甚簡，余初以為甚易填明，迨實地工作，發現因五十二年盈餘帳上與表上不同，不合理之轉帳記載太多，竟無法直接依據帳列予以填入，而再三分析，亦仍有不得要領之苦，本擬上午告竣之事，直至傍晚始竟，按此部分帳簿原為汪曉林、周煥廷所處理，又因菲律賓查帳人員摭拾若干細小項目，要求調整，於是轉來轉去，帳與表亦大異其趣，而帳上與傳票上摘要之簡陋亦為查核困難之一因。

娛樂

與德芳到台大看蘇可勝排演平劇紅娘，此劇以做為主，本非票友所敢嘗試，然蘇演來純熟自如，殊非易易。

4月2日　星期日　晴陣雨

譯作

續譯開發中國家之農業信用問題第五篇「貸款之條件」，今日譯第二部分，亦即主要部分，論利率之高低及其差別問題，以及貸款機構之附帶任務及其費用負擔問題等。

4月3日　星期一　晴陣雨

職務

將稅捐處所需要之歷年盈餘及分配表填就，因其中幾乎每一項目均須加以說明，故在引用數字文字時再三加以斟酌，例如每年盈餘數及分配因有沖帳追及累積盈餘之處，致逐年之累積盈餘須加以調整，始可與資產負債表列數相符，又如其表列格式在分配方面列有依獎勵投資條例第七條轉投資百分之二十五，與第八條緩扣百分之七十五兩項，此實只為一種適用減徵所得稅之計算標準，與分配盈餘之計算成本無關，故亦為之加註說明以免混淆云。

4月4日　星期二　陰雨

職務

寫上月份工作報告，並作一項提案，內容為所獲統一發票獎金之使用問題，蓋本公司得獎已有數千元，但均領來暫存，現悉公務機關須依照規定每收到獎金以二成歸主計與總務人員，其餘做為福利，本公司應如何辦理，望酌量決定，又以前登記發票時作時輟，今後擬由會計總務各指定人員一人合辦，可否亦請決定云。

交際

晚，隋玠夫兄在山西餐廳請客，在座有政大同學數人及台灣合作金庫研究室出版方面有關人員。

4月5日　星期三　晴

職務

與主辦工廠會計之朱君廣泛對於資本支出問題之處理交換意見，但尚無結論，尤其對於紐約所定報表新格式，又增加 Commitment 一欄，數字如何產生，甚費商量也。本公司三月份福美林之生產打破紀錄，日達四千噸，因三十噸設備在免稅期間，此項生產有已報廢十噸機器在內，為免漏稅之嫌，亟依獎勵投資標準之規定，辦公文向稅捐處表示超出三十噸部分，將不計入免稅產品之內，此點經與葛副總經理熟商，並以電話與工廠袁廠長交換意見。

4月6日　星期四　晴

職務

與工廠會計朱君討論近來極糾纏之會計問題，即退貨換貨之頻繁與無限制是，多數為紗廠所退之紗管，往往用後數月始云不合而退回工廠，退換後不作製成品不算成本，以數抵數，於次品回收原料後，原製造費用即無形中由其他成品負擔，無形中提高成本，其退而不換者則既不能抵充營業稅（僅在 60 天內者可以抵完），則發票雖已註銷而稅則已經負擔，凡此皆增加甚多之會計上的繁瑣也，討論後決定再提本月會報，研討如何避免之方。

4月7日 星期五 晴

職務

自上月份接受美國 Mobil 公司來員之要求，每月提早先電告估計數字後，上月十日係已有實際數字電告，而當時馬君允本月七日電告，經一再趕記帳目，大體上不易估計之數全部完成，僅餘銷貨成本一項，絕對無法於十日以前完成，余乃採用估計方式，將主要產品之銷貨量按上月份單位成本計算銷貨成本，另將其餘量少而種類繁多之產品，按去年銷貨總成本佔銷貨之平均百分比百分之六十五估計列入，結果在理論上應極近似，待十日實際成本算出即可知分明。

4月8日 星期六 晴

職務

去年底之財務報表已由紐約莫比公司核過，並隨同今年第一季公報表注意事項發來，囑照其所改訂各科目餘額送今年季報表，余詳細核對其所改訂之餘額，並無實際上之區別，但將去年初報廢資產餘額二百二十餘萬元原由本公司追列累積盈餘者仍列去年度，故前昨兩年之盈餘數與所得稅額俱不相同，余知其目的在湊成本公司帳列之去年累積盈餘餘額而已，此外則長期負債餘額亦不相同，余疑本公司所送之表有誤，須待再行核對始知也。

4月9日　星期日　晴

譯作

續譯低度開發國家之農業信用問題第五篇論貸款之條件，今日共得八千字，全篇已完，本篇共一萬四千餘字。

瑣記

兩用沙發彈簧有鬆坍之處，今日有修理匠來為修理，因此一沙發為美製，全部鋼絲與彈簧不用繩紮，故修理時特別費時，經德芳與諸兒女通力合作，半日始就，余等全家始知其構造情形，修理後已視前好出多多矣。昨日起德芳自己用洗衣機洗衣，目前家用電器已大體完備矣。

4月10日　星期一　晴

職務

舉行本月份業務會報，此次由趙廷箴總經理主持，因其不常參加，幾於每事必問，故費時特多，且表示意見亦特多，蓋其作風往往不先聽取他人意見，即先作表示，故難免武斷，彼近忽聞其他公司股東得以在以盈餘轉作股份時全部緩扣所得稅以待股票移轉，但告以此須以獎勵投資條例第八條為條件，且本公司之緩扣案仍在複查未決定中時，彼又將信將疑，只謂須再問其他公司，此亦其遇事不肯深究，輕率加以判斷之一端也。

4月11日　星期二　晴

職務

編製三月份資本支出月報表，因此類支出有直接記固定資產科目者，有先記未完工程者，而後者有當月轉入固定資產者，亦有次月乃至數月後始轉者，故必須先以 working paper 將各科目本月份支出數逐一分析，始可知何者應行列入，何者不必列入，去取之間，煞費周章，又在分析之間發現漏帳，蓋本公司三月起增加甲醛工廠接觸管設備，每月增產十公噸，工廠會計朱君在此曾商定即以接觸管做為設備轉帳，然傳票未製，與報備公文有脫節也。

4月12日　星期三　晴陣雨

職務

三月份財務報表於今日編製完成，即將重要數字電告紐約，並草擬說明函與表同時發出，原預料今日可以交郵，但打字費時因而未果。本月盈餘比七日預估電告紐約之數字為高，重要原因為各種主要產品以外之產品其成本比銷售只佔 40%，而預估時特加保守，按 65% 計算之關係。

體質

三年來鼻竇未因手術而愈，近則轉劇，常終日失嗅覺，下午開始就診於王老得醫師，然無任何見解，只配藥三天，每次四粒四種。

4 月 13 日　星期四　晴

職務

每月照例須抄送趙總經理以上月之應收帳款－其他科目之餘額，此即為暫時欠款，往往有掛欠數月一再催辦清結而置若罔聞者。

4 月 14 日　星期五　晴

職務

編製本年第一季產銷季報表，此表為開發公司所需要，又編製三月份生產快報，此表為經濟部所需要，皆極繁瑣而費時。

師友

隋玠夫兄以電話商洽，因下月二十日為劉振東先生七十壽辰，劉氏本人甚願擴大慶祝，其壽堂已自定於自由之家，現政大同學已有委託撰寫壽序之舉，但山東同鄉方面希望能有所表示云。

4 月 15 日　星期六　晴

職務

前年紐約 Mobil 稽核 Williams 查帳時曾建議每三個月至少要 aging (accounts) notes receivables 一次，其意為將應收票據逐筆將原發貨日期計至票據到期日期，看其究有若何長之日期，年來余認為乃係一種不切實際之辦法，故未照辦，現因不久來人複查，只好開始試以三月底餘額著手分析，按此法本為計算呆帳準備提列方法之一，且帳款重於票據，余今日通知經辦人員應將帳款之三月底結欠日期亦作一統計，覘其長短有無變遷，將來每季均作一次。到機場送葛副總經理赴港。

4月16日　星期日　晴

譯作

續譯低度開發國家農業信用論，開始第六章「論貸款之機構」，今日已完成其半，因文字淺顯，故進度甚速，然遇有日本機關漢文譯名時，每不知其漢字為何，故只有意譯，明知不妥，而無如之何也。

體質

左臂有時特殊怕冷，日間工作久時，輒略有麻木感，不知是否與左腿之風濕有關，左腿自數年來經常於入浴浸以熱水，已未見惡化。

4月17日　星期一　晴

職務

應送紐約之本年第一季 Quarterly Report，已由周君草就，其中有一比較表，須將以今年三月底之數字與去年三月底之數字相比較後之差額超過美金一萬元者，用文字說明，余見其中 Products 與 Materials and Supplies 兩科目一增一減，為數均大，無法解釋，迨查總帳，始知去年餘額中原料結存在後一科目內，而今年餘額中則照 Mobil 所示移於前一科目內，乃加以改正，庶便比較，其中最難說明者為今年一至三月之期初盤存低於去年，按業務擴充情形，此為不合裡之事，待進一步分析始知。

4月18日　星期二　雨後晴

職務

編製四月份薪俸表，此事本應於昨日完成，但因等候加班費申請表，有一人始終不能交來，而工友加班費又須以此為計算基礎，延至今晨，此一人又謂事忙不能填寫，放棄申請，結果空等一場，始於今日傍晚完成，所幸填寫數字未有錯誤，僅有一字筆誤，當時發覺改正，故核算過程甚為順利，日間例行事務亦未受影響。

體質

第三次就診於王老得醫師，告以鼻涕依然，但顏色略淡，而粘度不減，仍服丸藥，問以須否噴藥水，答謂不必。

4月19日　星期三　雨

職務

紐約 Mobil 口頭上時時表示對本公司應減輕工作人員之 work load，但事實上余知如能不再增加，即屬上上，絕不奢望其減也，最近於已有之日報表外，又增一種每月五日之電報（僅允七日前發出），而資本支出表格式已更改一年，現又似乎再要改變，而其工程部分新定者更複雜數倍，今日又因本公司月報表信內二月起加一項銷售分析資料，於是要求補作一月份者，乃又為之填就寄去，凡此皆與預料不遠也。

交際

晚，宴請合作金庫業務部許、雷兩副理，李專員，中山路支庫黃經理，林副理，蔡、郭二襄理，各課課長及部分職員，計兩席，由余與周、金、孔、王、高君等招待。

4月20日　星期四　晴

職務

馬副總經理由歐美回國，今日召集會議報告經過，並交換對於今年建廠有關問題之意見，彼特別強調此次在美適接本公司送 Mobil 之 1968-1972 Objectives，謂極為精審，Mobil 方面對於其美國本身各單位之此項文件認為無一合格，並云 Mobil 方面對本公司評價漸漸提高云。

體質

就診於王樹榮牙醫師，看 X 光認為左下牙無毛病，但左上牙存在之部分太弱，本以為可做假牙，細看仍不能，且亦不能用加包方式使神經降敏云。

4月21日　星期五　晴

職務

作去年之 Cash Flow Statement，此表表面似甚簡單，實際則偏重全年帳項之分析工作，故久久始成，然僅差強人意，不能斷定其中是否尚有特殊應提出之帳項也，又此表在製作時最重要原則為分析其餘額有無影響 Working Capital，余對 Bad Debt Reserve 認為與折舊情形相同，似應加入純益計算，然向來無此作法，遍查所存書籍亦語焉不詳，故存疑也，余以為此一工作為會計中較為棘手之工作，因全年帳項繁多，設有遺漏，即失真相也。

4月22日　星期六　晴

職務

馬副總經理有一文卷，內含其與紐約 Mobil 與東京前代表 Mobil 之 Kinsella 之往返函電，今日渠交余查閱其中一篇有關 Mobil 前年投資本公司股份，其購買股票價格之計算方法信件，囑余參考，余在翻閱時發現去年四月 Kinsella 一信與馬談本公司如何加強會計人員，曾到處尋人而無結果，馬本對余數度表示好感，而其暗中則進行者又別有其道，此種表裡不一之作風，真匪夷所思也。

4月23日　星期日　晴

譯作

續譯 *Agricultural Credit in Underdeveloped Countries* 第六章論貸款之機構，今日得四千字，完成上半篇，當全篇之三分之二，此應為全書中最長之一章，上半篇共已有萬二千字矣。

閱讀

讀中文本讀者文摘四月號，見 Robert Frost 警句曰："Education is the ability to listen to anything without losing your temper or your self-confidence"，譯文曰「無事不可問，問而不惱不惑者，教養之功也」。余固無此修養，而深知其不可少也。

4月24日　星期一　晴陣雨

職務

為月初對華夏墊款三百萬元一案，馬副總經理今晨對余表示彼絕不贊成該項偽造訂貨之方式，但若用墊款辦法，又分明違背公司法，適趙總經理亦來，共同討論，仍無結果，余則認為以不改帳為宜，馬君之意彼既為 Mobil 方面人員，此事決不應不使其知，然則即不應有偽造之事，此一見地亦甚正確，故尚待從長計議。

旅行

下午四時四十分搭觀光號赴高雄，於晚十時半到達，住克林飯店。

4月25日　星期二　晴

職務

上午到工廠會同朱課長到交通銀行拜訪楊成勳經理，楊氏與故友廖毅宏兄有舊，故相談十分親切，且彼亦金融界中人，余之過去彼知之甚稔，惜余當時表示未曾相遇，如此忘事，甚歉然也。晚在峨眉歡宴該行高級人員四人，由公司四人作陪，甚歡洽，席後楊氏並來訪，談在財務上決對本公司全力相助云。日間在工廠工作，洽談各種應辦而未辦之事，雖甚瑣碎，然長此拖延，必有延誤，又討論改善財產編號辦法，均有結論。

4月26日　星期三　晴

職務

上午到公司高雄廠與朱、顧二君討論上次 Williams

查帳報告中本公司應辦之事項，除余已擬就之說明外，對於有關工廠部分，希望在其來人複查時，有詳盡之說明及應如何準備。晚在台北接馬副總經理電話約談，彼主張前日所談之華夏三百萬元一案，仍改為掛欠，並囑再對於此間與各公司之間的互相擔保與背書一案，作一英文說明，備供紐約方面參考。

旅行

中午十二時五分乘光華號火車北返，下午五時四十分到達。

4 月 27 日　星期四　晴

集會

上午，到陽明山文化學院參加合作研究所成立茶會，由張其昀、樓桐孫主持，張氏報告將籌款 50 萬元為基金，繼即參觀各研究所辦公室，午餐後到中山樓參觀新建築，甚精大，餐廳可容二千人以上共餐，陳設亦佳，惜藝術品及歷史性物品太少耳。

職務

趙總經理與余談 300 萬元之借款問題，謂馬君既主作為懸欠，可即照改，趙氏對現在 Mobil 方面極不滿意，謂以前彼曾將公司行政交彼，然又遇事干涉，現在又思低價買入其股份，極為不擇手段，彼將早開董事會，提出應依中國公司法管理公司云。

4月28日　星期五　晴

職務

草擬一項英文說明 "The Existing Practice of Endorsing a Check or Note and of Countersigning a Loan Agreement on the Part of the Borrower When a Loan is Requested"，說明支票本票在借款時之背書方面手續，交馬副總經理參考。

4月29日　星期六　晴

職務

稅捐處自昨日起指定邱君查帳，以核定藍色申報應納營利事業所得稅稅額，曾由周、孔二人攜帳前往，今午約其在京華飯店吃飯。馬君又再度強調其改變 300 萬華夏借款方法之重要，並進一步研究由本公司名義代華夏在高雄買地又將轉租之違約的後果，將如何影響本公司之立場云。

交際

晚赴朱佛定宴會，與德芳同往，為慶其公子在美結婚，送禮 200 元。

4月30日　星期日　晴

閱讀

余近年甚少閱讀小說，數月來看純文學月刊有林海音作孟珠的旅程一篇，現已刊完，寫歌女孟珠為負擔家庭撫育幼妹而謀生，接觸男友有各色人等，然皆心地善良，以幾乎必為悲劇之人物而有喜劇之收場，寫來極為感人，以視一般刊物之作品，高下不可以道里計也。

瑣記

下午，同德芳率紹寧、紹因到生生皮鞋店買鞋，又到精工舍為紹因買手表一隻。

5月1日　星期一　晴

職務

上星期為馬君所寫英文有關票具備書與借款保證等項手續之說明，本已完成，但其後又發現一項特別情況，未曾列入，此即有時銀行對於信用借款之借款人要求以本票為押品，該本票之借款人為一背書人，而另請一個有關公司為出票人併一個有關公司為背書人，此二人實皆為保證人性質，蓋保證人不可由公司擔任，而背書人則否也，此點為本公司以前應華夏要求擔任背書由葛副總經理辦理蓋章，由權責言之，本公司責任匪淺，但在各公司互助關係上，又非可以拒絕者，則又當別論矣。

5月2日　星期二　晴

職務

草擬上月份工作報告，以便提出下星期一之業務會報，除報告事項外，並提出一項討論事項，此即聚苯乙烯加工廠之成品有缺點，及客戶退回與換回之成品經打碎回收原料，如為不可免時應如何適時處理，以免帳面原料成品與廠內原料成品互不相符，且製造費用亦不能十分與當月製品脗合，此因過去常有重製品不作為新製，僅在當月之費用內歸當月新品負擔，於是移花接木，混淆不清，故提案應由業務處高雄廠及本處互相配合處理之。

5 月 3 日　星期三　晴

職務

下午舉行小型業務會報，由馬副總經理說明此項會報之目的在作自我檢討，彼首先要求各同仁諒解其有時表現之不良態度，並相信其動機無他，繼即檢討若干立即進行之事項，然後要求逐一表示意見，由余開始，余本對其近來所發生之種種問題處於超然立場，一因若干事皆非事先所知，二因本公司會計工作並無獨立職權可言，故亦只好作幾句不痛不癢之說明而已。馬君要求余開口到華夏催索其欠款三百萬元，余只好於遇華夏有關人員時，囑其於月半以前早作歸還耳。

5 月 4 日　星期四　晴

職務

上午到稅捐處送其所要之藍色申報補充資料，經一一檢查後認為仍有須加補充之處，並連同其所開進一步應補充資料清單，帶回一併加以整理並開列，以一個下午之力始大致完成，其中唯一之原則在由此等資料發現與查帳準則不符之處，而將費用不予認定，以便增加課稅所得，余在該處時曾對其明言，因本公司主要產品在免稅期間，得國家之優惠已多，此等零星核稅後所增加之負擔，不欲多提對案，浪費時間，凡所剔除者皆將接受云。

5月5日　星期五　晴

職務

上午到稅捐處送其所要之各種查帳資料，並作口頭解釋，此次查帳人員邱君尚能實事求是，對於公司帳務，不作吹毛求疵之表示，此在稅務人員中已為不可多得矣。今年因甲醛增產向稅捐處報備增產之申請書，接復文囑補送設備之進貨憑證，今日將發票等影本製就，準備答復。

交際

晚，參加華夏公司招待財政部賦稅署同仁，實際係為本公司，故除華夏沈玉明出面外，本公司由余與林天明及貝聿燾出面，實到客人十九人，極一時之盛。

5月6日　星期六　晴

職務

每月新增之報紐約資料即估計營業成果，本訂每月七日電發，今日週末，乃提早一日發電，其中銷貨量值皆據帳記實數，成本照上月單價估計，零星品照售價40%，費用因帳未記完，則將未記帳部分傳票金額加以彙計，於是將純益計出，為美金二萬六千元，亦即新台幣百零四萬左右，待至五天後結帳結果即可知此數之接近程度為何若矣。

交際

晚，赴龔祖遂兄為子授室喜宴於狀元樓，其儀式早在教堂完成。

娛樂

下午到中山堂看電影，李察波頓演冰雪盟，為阿拉斯加設州故事插曲，情節極為感人。

5月7日　星期日　晴

譯作

續譯低度經濟開發國家農業信用論第六章「論貸款之機構」，今日譯下篇，一氣呵成，約六千五百字，本章共一萬八千五百字，為各章中之最長者，今日工作效率獨高。

5月8日　星期一　晴

職務

舉行本月份業務會報，所討論者以工廠為多，其中本處報告內所提之應收票據與應收帳款分析為一創舉，此事引起會內之絕對重視，且其中少數帳戶懸欠過久，業務處何以不往催索，為馬副總經理責難之焦點，尚待繼續研究催辦之方法。

娛樂

晚，同德芳到國軍文藝中心看干城演戲，由徐蓮芝、周麟崑演全本趙五娘，此劇以唱做見長者擅，徐伶為花衫，雖堪勝任，終難臻極致也。

5月9日　星期二　晴

職務

因本月十五日將公開福美林減價，追溯自本月一日有效，為顧慮凡未付貨款之四月份以前欠帳勢將難免拖延或作無理要求，乃決定於日內加速收換票據，因上月底票據餘額只五百萬元，而應收帳款反三倍於此也。

師友

與袁廠長慰亮介紹與李公藩兄三女華萼之王秉彝君今由高雄來此，乃約定於晚間同訪李小姐，至時會同前往，閒談二小時，雖未立即約會，然雙方似均有好感，行時王君謂其父將於後日來台北，意似對此事或有商議云。

5月10日　星期三　晴

職務

因客戶欠款日多，馬副總經理採取加強管制之措施，國內者按月督責收款人員檢討，國外者由採購組於發貨後隨時通知本處向銀行收款，當由余用英文寫一備忘錄通知辦理。因甲醛本月起減價，為顧慮客戶對舊欠亦作要求，故加緊收取票據，收款人員與一家平時付現之林商號發生誤會，下午與吳幼梅兄同往解釋一切。紐約派來 Samson 檢查業務，今日到達，已開始交換意見。

交際

本月份外資公司會計人員在羽球館聚餐，由寶齡韓君召集。

5 月 11 日　星期四　晴

職務

分析去年本公司其他收入帳，分為退稅收入、保險賠償收入、廢品下腳收入（減除提撥員工福利）、代辦手續費收入、供應商補助收入，以及罰款收入等項，開列分類細數送稅捐處本年查帳之邱君，彼又要四年來損益分析資料，經於下午趕寫，只能大概言之。華夏公司借款三百萬元，原謂十日歸還，屆時只還一百萬，謂次日與第三日分次歸還，但今日應還之一百萬即未辦到，原等候其歸還時連同昨款一併轉償合作金庫，至此對合庫亦僅能先還半數矣。

5 月 12 日　星期五　晴

職務

上月份報表於今日完成，余即撰寫 cover letter，分析營業內容，尚屬良好，至於本月五日之估計電報所列盈餘仍屬偏低，除非本月份之單位成本果然有如許降低，否則不致如此難以估計也，容待後再加分析。到花旗銀行取回貼現票據一張，該票較長，在貼現時不能貼至到期日，尚有三天，乃以支票換回。

師友

晚，同德芳到原都民女士家拜訪，贈衣料、兒童書及聚苯乙烯製廢物簍等。

5月13日　星期六　晴陣雨

職務

編製四月份資本支出表，因自上月起所有資本支出皆經過未完工程帳轉來，故原則上只依該帳在本月內所記之借項列入即可，然因有若干帳項仍難免有特別情形，故逐筆分析仍有必要，經發覺有一筆支出，雖係由材料帳轉來，似乎前未列為資本支出，然再細查材料帳，則部分乃由在途原料科目轉來，而去年之在途原料帳內有數項設備方面之支出曾有 AFE 且列入報表，但直至年底亦未能轉入資產帳，現在既全數列轉，自應將去年部分減除也，又在填預算數時發生是否預算須有每月分配數，而 AFE 亦須有每月分配數，不能肯定，故仍照前月填送。

5月14日　星期日　晴

師友

上午，到蔡復元夫人家弔唁蔡氏之喪，據云後事已準備妥貼。上午同張中寧兄到大坪林大坪新村訪劉鐸山先生，因本月二十二日為其七十壽，政大財政系第二期同學五人請定期聚餐為祝，經約定為本月十七日，劉氏健談如昔，並謂自信尚有生命三十年，事業亦有三十年，其精神與三十年前固無異也。

參觀

下午同德芳參觀實踐堂與歷史博物館之二千年古畫展覽，多為由海外蒐集之唐宋作品之複製品，亦有石刻拓片，名貴者如女史箴圖等，不可多得。

5 月 15 日　星期一　晴

職務

到稅捐處洽藍色申報該處將予剔除之事項，其中皆係依財政部查帳準則可以剔除者，主辦邱君開一細表約共二百七十萬元，余以為利息 130 餘萬元在兩可之間，彼似亦留餘地，謂可不列入，但如將來審計部對該案有問題時，望一同應付，如此可將補稅二十餘萬元者減為十餘萬元矣。紐約來之 Samson 今日開始本公司查帳，首先即發現季報表一誤計處。本月份報表因銷貨成本誤計，今日重作，此事誤在孔君，余亦失察也。

集會

出席蔡子韶代表治喪委員會，推出人員與決定開弔等事。

5 月 16 日　星期二　晴

職務

最近因職權劃分關係，將有關向銀行收取結匯出口貨款一事改由本處主辦，今日為第一次處理，由原經手人洪君偕余同到台灣銀行辦理其事，今日將所有文件由櫃台遞進，待審查後，明日再憑銅牌前往領款。

交際

晚，同事貝聿燾與戴力玲小姐於公證結婚後在圓山飯店宴客，菜餚尚佳，但交通甚為不便。

5月17日　星期三　晴

職務

本公司進口原料向有回扣，而有時因對方缺乏存貨不能裝運，又有補償，此等款因涉及外匯管制，並未入帳，但紐約股東對於帳外款又有特別興趣，有意追問到底，於是馬君又囑會計方面為其準備說明，此等帳外之事，最為煩瑣，今日將前後各帳加以審查，並閱外匯法令，粗知端倪。

交際

晚，政大財政系二期同學公請劉鐸山先生為祝七十壽，到張中寧、朱鼎、董成器等夫婦、朱興良、余與德芳，余並於今日寫紀念文字百餘字，容再補呈。

5月18日　星期四　晴

職務

昨日所記之外來回扣問題，今日寫作一項說明，指出為避免誤會，不能正式記帳，但又分兩種情形，一為進口價款內之回扣，此為政府外匯所購，必須用外幣退回政府，二為供應商之補償，如為外幣亦須結匯，但亦可由對方以國幣為之，即可不受約束，而正式記帳，但馬君顧慮對方是否亦有其法令上之考慮耳。將歷來所收此項回扣開一清單，並將支出方面亦列成一表，供紐約方面之查詢。

慶弔

蔡子韶氏治喪，德芳往照料，並送花籃，余往祭時遲到，已啟靈，憾甚。

集會

下午，政大四十週年校慶敬師酒會在金華街舉行，余亦參加。

5月19日　星期五　晴陣雨

職務

此次所得稅查帳時間提早，糾纏問題亦不多，惟依照其查帳準則認為應剔除者加以剔除，至於擴充設備與外幣公積等等，皆未發生手續上之問題，應提供之補充資料亦不為太多，大體言之，尚稱順利。紐約所派來之Samson繼續查帳，現在處理Capital Expenditure之程序，與其以前所提供之報表方式又有所更張，雖係適應此間情況，然終似無一定之準則也。

5月20日　星期六　晴

職務

與Samson談季報表內盈虧撥補表之填法，示以1965年紐約莫比公司所代本公司更正之季報表一份，與其日前所作者完全不同，Samson認為當時Allen所作完全錯誤，真所謂莫衷一是者也。到中國農民銀行為其復業道喜。

娛樂

政大40年校慶，上午集會余未參加，晚與德芳到體育中心看晚會，有各學校如大安國校、大安中學、稻江家政、二女中等表演，影星李登惠等歌唱，尚佳。

5月21日　星期日　晴

師友

上午與逄化文兄通電話，彼因在潭墘土地有出價七百元者，因看漲未允出售，余亦云然，但認為可能時即可一同出售。晚，蘇景泉兄來訪，持贈其近作謁于右任墓詩及照片。

瑣記

楊紹億兄介紹內政部視察陳伯襄來，徵求為一百六十餘候補國大代表要求職位簽名，向總統及國家安全會議表示意見，已簽數十人多為國大代表如裴鳴宇、逄化文等，余亦照簽。

5月22日　星期一　晴後大雨

職務

與查帳之 Samson 訪華成會計服務社之 Perez，Samson 就該社曾對今年查帳向本公司為建議數端與該社交換意見，如現金簿之專欄可否每月記載一次總帳，管出納人員是否不記現金簿，銀行對帳單之核對不能由出納人員辦理等，大部分為關於現金之管理問題，歸後彼即寫出建議備忘錄數點，余同意照辦。Samson 對於 Age of Accounts Receivable 及 Age of Notes Receivables 要求加英文欄名，並將戶名標出屬於何種產品，以作進一步之分析。

5 月 23 日　星期二　雨

職務

由紐約來此查帳之 Samson 今日原擬赴高雄廠查核工廠，但因延誤飛機，改變初衷，今日留台北檢討工廠情況，因而又增加本處之工作，為之解釋說明，此外又分析去年之盈餘分配，余為之說明所得稅關係等。稅捐處對藍色申報又有一新問題，即去年新產品耗料標準如何查定，為避免調查之煩，該處邱君希望由本公司提供資料，余今日詳加檢討，見數種聚苯乙烯加工品之成品與用料或多或少，竟無標準可言，正設法進一步謀求解釋。

5 月 24 日　星期三　雨

職務

前兩月華夏公司向本公司借三百萬元之利息至今未還，表面理由為難有適當之憑證，蓋本公司不能放款，雖付出利息，而不能賴以生息也，如歸帳外收入，則既不能由公司出憑證，亦不宜由個人為之，余今日擬議由銀行出憑證，抬頭雖為本公司，然本公司可以加註，並收回利息支出帳，尚不知該公司云何。

慶弔

同學王保身兄病故，今日治喪，余到市立殯儀館弔祭並送賻儀。

交際

晚，本公司招待紐約來此之 Samson 與 Mellon，馬、葛、翟、吳及余等為陪。

5月25日　星期四　晴陣雨

集會

中國生產力及貿易中心主辦之演講會今日下午三時舉行於台大醫院，由美國來華旅行之 Robert Bartels 演講 Business Ethics in U.S.，此題極空洞，以剝筍之方式，講來由淺入深，層次分明，殊為難得。

慶弔

本月二十二日為劉鐸山先生七十壽辰，今日政校同學百人在實踐堂設壽宴，並贈壽序八扇，李猷、鄔繩武合作，彭善承書，極一時之盛，散席時劉氏每人贈「新中國建設方案」論集一冊，以為紀念。

5月26日　星期五　晴陣雨

職務

為 Mobil 重擬今年下半年 Cash Forecast 一份，本由周君起草，先由紐約來此之 Samson 初閱，認為 Sales Revenue 完全照去年所作，有失真實，乃與吳幼梅君商談，改照福美林新價予以計算，始行交卷。交通銀行美金貸款二筆，其 51% 係由 Mobil 公司透過花旗銀行予以保證，現在第一筆到期未見延展來電，馬君託 Samson 回紐約問詢，余將前年之三件 Letter of Credit 影本交其參考。到稅捐處洽送其所要新產品耗料問題資料，認為尚須補充。

5月27日　星期六　陰

職務

本年度藍色申報經稅捐處剔除之費用約161萬元，補稅約十二萬元，但因獎勵投資條例允許以全年所得之之四分之一供擴充設備之用，此數原列270萬元，作為免稅，至此乃加列四十餘萬元，變為310萬元，如此即省稅七、八萬元，只須再補四萬餘元即可，因增加後之總額與藍色申報之原申請不符，故補辦一補充申請書，今日送稅捐處。以此項免稅額為基礎，依獎勵投資條例第八條，計算分配紅利之各股東綜合所得稅之免稅額與緩扣額，列成一張大表。

5月28日　星期日　雨

師友

上午，高注東兄來訪，談連日開憲政研討會綜合會議，已告一段落，日內即回屏東，前託余探詢高雄方面之工業界情形為其幼女設法進行工作事，因聞其地之聚合化學公司工作繁重，彼決定不再進行，並已謀妥屏東女中教職，藉以繼續進修，並照顧家庭。

家事

德芳有頭昏後腰痛之疾，今日發作，幸逢星期日余及各女皆在寓，余往買菜，紹寧、紹因下廚，紹因以洗衣機洗衣，始得應付過去。

5月29日　星期一　雨

職務

下月二十九日將開股東會，依規定通知須於一個月前發出，故董事會秘書將余應備之決算表與盈餘分配案於今日提前索去，其中盈餘分配案之假定案為以九百萬元轉作資本，此事經與馬副總經理詳細說明後始獲其同意。稅捐處對本公司依其增加核定之本次藍色申報所得額增提擴充設備免稅額一節，認為須補股東會決議，余商之馬君，彼不願作此假決議，乃以公文申請，縷述在時間無法作成決議之原因，成敗聽之，此事有數萬元之差別，該處實無理由以程序對抗實質，果遭駁回，仍得申請複查也。

5月30日　星期二　晴

職務

到稅捐處送一項公文，請改按該處所核定所得額計算擴充設備免稅額，邱君不堅持，但無把握，余並託其略作主張。

集會

晚，參加經濟座談會，香港來台之董力行氏報告共匪壓迫港府之現狀，及台灣吸引僑資之道，討論熱烈，咸認台灣作風應改進。

5 月 31 日　星期三　晴

職務

稅捐處審核藍色申報，以後即以委託會計師方式辦理，最為適合云。

6月1日　星期四　雨

職務

本公司近來因股東間之不能協調，使內部工作人員皆有離心之傾向，而若干自私自利之事亦日見其多，洵非佳兆，今日有一掮客在54、55年共代銷紗管三十餘萬元，且已按百分之三、二支取佣金，今日忽又來支特別佣金百分之1.6，此掮客與業務處貝君有關，如此一而再的蒐求，殊覺無理，余乃寫條請其指出合約根據，又所謂三十餘萬元大部分並非彼所介紹，何以亦一併出據支領追加佣金，蓋以前支付佣金皆為不同姓名而彼此不分之掮客，於是乃混同追加支領也。

6月2日　星期五　晴陣雨

職務

花旗銀行所借之外銷貸款，本以信用狀等為押品，但信用狀須隨時借出使用，且有時變更發貨日期，以致至今尚欠九十餘萬元而並無確實之信用狀可以指出，乃於今日應該行要求補送美金二萬餘元之信用狀，據云新規定照此辦法不易辦到時，亦可以遠期支票為抵云。

6月3日　星期六　晴

職務

本公司有一極端矛盾之事，即凡一切管理有時須經美方之瞭解，而又不能完全擺脫過去之傳統，尤其就地之應付已有慣例者，改變極其為難，皆令人支付時有兩難之處也。

娛樂

下午同德芳到中山堂看電影蘭黛夫人（Lady L），蘇菲亞羅蘭主演，對社會上之種種虛飾與人為之偽裝極諷刺之能事。

6月4日　星期日　晴

師友

上午到新生南路訪劉桂兄，探詢因病出國就醫之一切手續，此因童綷小姐急於出國，向德芳探詢此項手續，渠擬進行矯形外科手續，以便赴美與其通信已久之男友晤聚云。

瑣記

上月二十日政大校慶，財稅系財稅學會曾寄來特刊一本，並索書一冊，余久久未想到以何書為佳，今日忽憶及52年與陳禮兄所譯英國所得稅法尚有餘存，因以一冊為贈。

6月5日　星期一　雨

職務

馬副總經理語余，因Mobil代表與馬副總經理在此與趙總經理交涉有關股權與股票問題，引起甚多之摩擦，尚在發展中云。

瑣記

國大代表魯青聯誼會通知票選幹事，印發名單，且有十餘人來函聯名競選，余即圈選寄回，余所選者為裴鳴宇、宋志先、趙雪峰、孟達、楊揚等，彼等已蟬聯數年矣。

6月6日　星期二　雨

職務

到花旗銀行接洽借款，該行頭寸充裕，曾自動電話要求借款，適本公司明日用款，故先作接洽，明日再往取款。

6月7日　星期三　晴

職務

馬副總經理忽於簽發傳票支票時表示本公司之財務 control 不夠，希望余多由此方面著眼，余表示同意，但亦解釋本公司傳統如此，不能一蹴而躋入現代管理標準，此乃無可如何之事，因舉最近支付佣金與交際費等事為例，縱在馬君亦只有任其支用，此人常喜責備他人，但若能說明理由，彼亦能接受也。

交際

晚，外資公司會計人員聚餐，現在規模已漸漸擴大，今日已有十三人參加，並預定八月由余召集。上午弔謝澄宇兄之喪，渠數日前死於家門外，甚奇。

6月8日　星期四　晴

師友

晚，朱興良兄來訪，為其在彰化銀行更換新保證書，並談及其子今夏投考大學理組，甚費周章。

體質

在王老得醫師處看鼻疾，初有效果，但近一個月即未再進步，故本星期未再就診，惟連日兩鼻均少有鼻涕，其中大部分改由喉頭排出，與去年看楊中醫之先後情形相似。昨日悉有偏方，用豬腦一，冰糖若干，蛋二及陳酒若干煮食每日一次，今日德芳為製第一次，擬每日煮食，以見是否收效，其他方法俱不再用。

6月9日　星期五　晴陣雨

職務

本公司六月二十九日將舉行股東會，如增資案通過為九百萬元，則依法對於股東綜合所得稅得以申請免徵或緩扣，而此舉須有股東會議決議為根據，但股東對此事之細節鮮有明白者，故為之準備此一提案，須不繁不簡，以不蔓不枝之文字將內容說明，而又不能過於冗長，此一文字本已用中文寫好，今日又須譯為中、英二文，乃於譯成英文時費字斟句酌之苦，而又不能認為十分滿意，至於附送大表一張，原用英文寫成註腳，亦一併將英文譯成中文，並另草成一中文大表。

6月10日　星期六　晴

職務

紐約 Mobil 委託花旗銀行以信用狀保證本公司向交通銀行借款三筆，除兩筆來電延期外，尚有一筆今日到期，交行電話催詢，且謂將去電該行洽收，余今日去電紐約催速來電展期，但所不解者為交行何能向該行洽收，蓋其信用狀所保證者為到期本公司不還，該行代還，現在分期還款須十月始還一期，目前只為換保，該放款行何能即要求保證人全部還款，余意責任只在本公司之斷保一端而已。

6月11日　星期日　晴

家事

到姑丈家送粽子與餅乾，因明日為端午節，姑丈率兩外孫在此，表示余家所手製，為姑丈所未備也，據姑丈云，近來健康漸不如昔，一為消化不良，二為血壓甚高，但經治療，業已好轉云。為紹彭考英文第十三課，得分略有進步。

體質

鼻疾已無鼻涕分泌，但有時由喉頭咳出，未知是否與近日之治療有關，連日每晨食豬腦與冰糖及蛋加酒，今日已為第四次。

6月12日　星期一　晴陣雨

職務

本公司原欲在紐約花旗銀行開戶存放由供應商退回之回扣，數日前該行催送所謂 General Resolution，經送往後，現又催送存款，而存款來源之一部分又為趙總經理在國外支用，現欲歸還台幣，因而又反對在國外開戶，且認為此款乃賠償而來，可以正式以台幣收帳，然經手之高君認為此款如入公司正式帳，終難免逃匯之嫌，於是又無結果，經告馬副總經理後，彼謂紐約開戶事可以取消，如此出爾反爾，真兒戲也。下午因端節提早下班。

6 月 13 日　星期二　雨

職務

五月份會計報表於今日製竣，而分析此報表之信函亦於今日脫稿，此次盈虧有一最大特點，即因福美林跌價，折去三十餘萬，因而毛利與純益均比預算為低，雖營業收入比預算為高，亦無濟於事，此真今日公司情形之大患也。下午舉行本月份業務會報，所討論者多為有關新計劃 Expandable Polystyrene 之有關事項，與本處有關者亦有一甚複雜之問題，決定另開小組會予以建議。

6 月 14 日　星期三　晴陣雨

職務

上午，舉行小組會議討論原料回收與各有關問題，蓋原料之所以回收，一由於生產程序所衍生，二由於退回貨物不能再賣，三由於售出貨物退換重製，四由於滯銷貨物不能不回成原料，其處理方式，或須重製時將費用人工轉作損失，或因為數不多，即混入當月新品成本，經一一加以決定，只餘退貨限期一問題未獲結論。中午參加招待越南客戶，馬君主持，此人慢客，極其礙眼。

集會

到中山堂參加嚴副總統茶會，報告訪美經過，到國大代表數百人。

6月15日　星期四　晴

職務

紐約方面來一通知，囑本公司填製所得稅報告表二種，余先就其表式與會計制度中對該表之說明加以檢討，久久不得要領，經前後推敲，始斷定為要求填製去年本公司營利事業所得稅與股東盈餘扣繳綜合所得稅，此二者須待稅捐處核定與股東會核定，經復函允於下月初填報。

交際

國大黨部小組長趙雪峰中午約各同仁在會賓樓吃飯，小組長改選日內即將舉行，趙君將競選連任云。

6月16日　星期五　晴

職務

編製本月份薪津表，今日發生錯誤改正之處不多，且無誤算，故半日而成，且將所得稅按總數複核亦無出入。稅捐處調查股東紅利扣繳綜合所得稅之郭君又來查詢今年股東會議決，余告以仍未開會，此事甚難配合，因公司法規定股東會六個月內開會即可，而稅捐處則愈早愈好，此與過去公司股東會通常在三、四月間舉行而營利事業所得稅可以延至五月中申報者，適相倒置，彼又對於去年所提特別公積金 1,500 萬元特別注意，要求補充說明用途。

6月17日　星期六　晴

職務

因本月二十日為銀行結息不對外營業，故本月發薪須提早為十九日，此事被余忽略，以致高雄工廠用款不及調撥，今晨彼來電話，余因銀行存款尚未調齊，只好延至下週一矣。將一至六月份之各領薪人薪額與所得額及已扣繳所得稅額資料剪貼完成，此事本因保密關係，由余親理，但有時並無暇晷，只好延至截至限日連夜趕辦，今日余交高秀月小姐代抄憑單，以免誤限。

參觀

同德芳到工專參觀中小工業展覽會，出品似嫌不多。

6月18日　星期日　晴

瑣記

晚與德芳到植物園乘涼，往返步行，余雖晨起上班前時有往游，而晚間在此時則不多也，園內荷花已開，漸至盛月，微風過處，幽香襲人，惜鼻官不靈，未能領略也。

6月19日　星期一　晴

職務

為應稅捐處之要求寫一項54年提列特別公積金一千五百萬元之說明，余本擬將當年所購大件機器湊足此數作為用途，後思大件皆由銀行借款所購，依所得稅法施行細則，須以特別公積金用於此途，如此指出，將招致誤會，乃改照全年增加資產數減銀行借款所購者列入，適為一千五百餘萬。稅捐處來突擊檢查，認為現金出入簿只記至本月九日未完，係超過十天，經解釋後亦即未再囉唆，又送來有關 55 年藍色申報通知，囑補稅五萬餘元。

6 月 20 日　星期二　晴

集會

上午到國大黨部舉行小組會，票選趙雪峰為組長。開會遇宋志先兄，彼云其襟兄柳鳳章擬擴充圍牆，彼反對其延至巷中，主仍由原水溝改成圍牆。

職務

稅捐處調查分配紅利之人員，又來取去本公司對於 54 年提列特別公積金時已用於何項設備之說明，依余所寫之說明，當年自籌資金實已超出 1,500 萬元，彼閱後無辭以對，但又著眼於緩扣股東綜合所得稅之分期付款債務問題，囑將此項債務之要點加以開列。

6 月 21 日　星期三　晴

職務

上午，因紐約方面曾來函要求對於五月份銷貨收入與銷貨成本加以解釋，以明何以盈餘銳減，余乃將各產品之預算售量、實際售量、預算成本、實際成本，逐一開列，求出其增減百分比，以明何以有收入增加而成本更增之現象。下午到稅捐處第四課送長期貸款資料，並將昨日之使用特別公積資料取回另加註使用之年月。

6月22日　星期四　晴

職務

由紐約來之 Stratton 與馬君及余研討最近所作之 Cash Forecast，對於今年現金缺乏情形推求原因極詳，並與 Profit Plan 互相對照，又探問去年以十噸甲醛機器報廢之經過，並認為殘價應入帳，余亦云然，但無基礎耳。稅捐處之郭君又來研究去年所提特別公積金問題，謂該處認為須在股東會議決後生效，故54年4月15日議決者，不能對於是日前之購買設備適用，此與所得稅法施行細則七十條之文字適相倒置，余亦不去深究，只云54年應算全年，並將再加補充資料。

6月23日　星期五　晴

職務

補充以前所製之54年固定資產增加情形，說明有少數為54年以前所購，當無由支用特別公積金，至54年之支出則理應屬於54年春所開股東會提撥特別公積金之範疇，但此時尚不足一千五百萬元，因郭君來告彼方所採解釋為須在股東會開會議決後所提，而又須在此後支用於固定資產者始為合格，故余將內容分析，發現只有二萬餘元屬於53年以前，其餘皆為54年之購置，又因54年所提只有一千四百二十餘萬元，尚有七十餘萬元為55年所議決，故又加列55年一百萬以明其支用合規定。

6月24日　星期六　晴

職務

上午到稅捐處四課訪郭發君，面交再度修正之54年特別公積金說明，內容只有二萬餘元為53年之資本支出，彼閱後認為大體已適合該處之解釋，亦即解釋提撥特別公積之股東會記錄必須在提撥後支用於資本支出者為限，而非如所得稅法施行細則之謂於提撥時已用於此途者為限也。

游覽

下午同德芳到新店訪崔唯吾先生，不遇，又訪楊守和代書，僅遇其弟，然後到河畔划過對岸瞿塘港茶座乘涼，其地幽深陰涼，為避暑勝地。

6月25日　星期日　晴

聽講

上午到實踐堂聽陶希聖氏講「文化之延續性」，由歐美文化之不延續與易為外來文化所僭奪，而比較說明中國文化一貫以倫理為主流，釋氏與西方宗教皆未有不被融化者，深入淺出，頗引人入勝。

娛樂

下午，同德芳到豪華戲院看Julie Andrews 演 Mary Poppins，為一娛樂性之歌舞片，華爾迪思耐出品，頗具匠心。

交際

晚，赴曾大方公子結婚喜宴於國軍英雄館。

6 月 26 日　星期一　晴

職務

股東會日內舉行，本處提出決算表須中、英文二種，然因所得稅及查帳人員所依據者為美方會計制度，中文本須依商業會計法，故內容頗有出入，為免股東之中就二表差異發生疑問，今日先製調節表一張，然後據以寫出差異說明文字一件。現在股東美國方面為 Mobil 佔 51%，中國方面 49%，但依新登記公司章程每股超出 3% 者八折計算，Mobil 變為不足半數，（中國方面有九股東，各除 3% 不折），因而發生爭議，今日馬君囑余按 8.75 折計算，果然適為各半，此或為雙方妥協之點歟？

6 月 27 日　星期二　晴

職務

由於上月份盈餘減少，紐約方面再度來詢原因，其中有二事為前次去函所未議者，一為原料超耗之原因，二為銷貨費用增加之原因，上午會同周君將此點加以查閱並作檢討，此項結果乃就生產方面言之，與上次就銷貨方面所分析者，基礎不同，自有出入。晚飯本會計處同仁聚餐，討論下半年開始時之工作，及對於查帳人員建議事項之執行，均獲結論，其中以出納方面者居多，此外對於多欄式序時帳簿之過帳現為每日將改為每月，亦經充分討論，準備試辦。

6 月 28 日　星期三　晴

職務

依據昨日查出之製造成本資料草擬答復紐約回信之首二段，此二段在說明原料超耗由於生產增加，然不增加損失，因所耗原料含於產品之中也，又說明銷貨費用在預算中係照 FOB 價格列者，故出口運費不含在內，又福美林原不擬出口，而出口甚為不少，以致增加液體包裝費用，此皆始料所不及者。草成 Reconciliation Sheet of the Balance Sheets by the Company and by the CPA, T. N. Soong，以說明二表之差異原因供股東會參考。

6 月 29 日　星期四　晴

職務

每半年依規定應辦理綜合所得稅扣繳申報，為早作準備，以免延至截限，擁擠不堪，故其中佔絕大部分之薪資部分扣繳憑單係於二十日發薪後即交高君代為逐一填就，余於今日將佣金部分及租賃與權利金等補填，隨即依余每月剪貼之薪俸與所得稅彙計表所列總數，分別將免扣及未達起扣點等人數金額加以統計，列入一項申報表內，該表下半段為報繳書清單，其彙計數與上半段統計互相符合。

6 月 30 日　星期五　晴陣雨

職務

日本原料廠商因供應不及，且因其他市場售價高於與本公司之約定，而本公司適又可以就地取材，於是日本商人願就短供額補貼本公司每噸一元，共美金一萬四千元，此款本可收其他收入帳，但收入方式甚複雜，其中馬君赴東京取用1,500元，趙君取3,500元，前者已報旅費而不願在公帳列支，後者則先以半數還來台幣，而供應商又以餘數九千元代存紐約花旗銀行，可謂四分五裂，余今日問馬君如何記帳，彼又云待日本廠商來一正式公文，勢又將曠日持久矣。

7月1日　星期六　晴陣雨

職務

將上月所擬之待補傳票原始憑證備查單作最後之修正，交總務處付郵，此單分二聯，第一聯由製票人在單據不全時填好附入，第二聯留待查考，俟單據補齊即將第一聯抽下歸入二聯，一同註銷，其工廠方面所用者，則於工廠將單據補到時抽下寄回與第二聯核對註銷，如此藉以控制單據不全、遺忘不補之弊。

家事

到姑丈家，未遇姑丈，留字及隋錦堂來信，詢以赴美應辦手續事。

集會

到實踐堂開合作事業協會年會及合作節慶祝會，因事早退。

7月2日　星期日　晴

家事

姑丈來談對赴美之事極為躊躇，為勉允表妹夫婦之請，已按探親手續申請，如屆時需要余之戶籍謄本，當再通知照辦，至於隋方舟、方聞兄妹則正等待發給移民簽證，能否同行，尚不能預料云。

7月3日　星期一　晴

職務

將扣繳憑單及申報表全部用印，並分裝完畢，將到稅捐處辦理驗印手續，經先以電話問本月一日成立之國稅局人員，據云派駐有人於各稅捐稽徵處分處，照往例辦理申報驗印，又為慎重起見，問本管中山分處，據內部查詢良久始答復謂暫尚未定辦理方式，請稍緩數日再辦，按此事須於本月十日以前辦竣，而尚無眉目，亦奇談也。開始實行收取貨款內部繳帳手續，採用兩聯式收款單，由收款人填送出納，並由會計蓋章。

7 月 4 日　星期二　晴

職務

填寫送紐約之所得稅收據表，此表為初次填送，其中細節甚多，填寫時煞費周章，又在填寫後須以同樣大小之紙張將收據作成影本，譯成英文，甚至規定須由美使館簽證後始能發出，余只將大意譯出，簽證一節因馬君以為不必，故加以省略，然已費時甚多矣。

交際

晚，參加生日宴會於趙總經理廷箴天母住宅，到五、六十人，多為各投資公司之人員，亦有少數外人。

7 月 5 日　星期三　晴

職務

綜合所得稅扣繳申報已由國稅局派員駐稽徵分處辦理，今日余前往辦理申報，幸為開始數日，人數不多，當即辦妥。

集會

光復大陸設計研究委員會邀由美回國開經濟檢討會之劉大中、蔣碩傑二教授舉行擴大座談會，二人各報告四十分鐘，以劉氏所報最有條理，大旨為說明台灣經濟已成長之特點，以後如何補偏救弊以求各項資源之最有效利用，並基此原則以檢討各項政策，極中肯綮，蔣氏則論財政金融，最後有二委員發言，甚熱烈。

7月6日　星期四　晴

職務

中午十二時半，公司股東會突然續會，且囑余參加，說明依稅法何以必須增資，參加律師三人，意見均屬一致，對余所提見解，備極贊同，然因莫比公司股東代表 Stark 之代理權受有限制，在紐約尚未明瞭以前，不敢決定，乃為應付稅法之 1/4 轉投資，作成較和緩之決議，決定增資而不具體決定數額。

師友

宋志先兄將其房後余之地坪 140 坪買去，昨、今兩次前來付款，並於今日來取所有權狀，該權狀中尚有原主林水柳與李昌華等之地在內。

7月7日　星期五　晴

職務

今日將六月份損益科目估計數字算出，電告紐約，本月份計盈餘八十萬元，而其中有三十萬元為沖轉去年多估之所得稅，故實際只五十萬而已，原因為福美林不但售價降低，且銷額亦減，此外則新產品之聚苯乙烯與電木粉俱無盈餘可言，而福美林本不完所得稅者，至本月底亦將滿期，此乃本公司之致命傷也。

7 月 8 日　星期六　晴陣雨

職務

寫作六月份會報資料，因須處理一般事務，時作時輟，計自昨日下午開始，今日午後始克完成。上午，因前日股東會議決案有一案須能對稅捐處解除責任，亦即去年盈餘須用於擴張性聚苯乙烯之設備，未做決議，馬君囑余與吳幼梅秘書訪端木愷、蔡六乘二律師將該議決案列入，端木咬文嚼字，官腔官調，不得要領，蔡則實事求是，照余所擬中文加入，並譯為英文，始告解決。

集會

下午舉行黨校同學茶會於交通銀行，先為最近病故之謝澄宇、王保身二同學默哀，然後分別報告關於時事，保健等有關事項。

7 月 9 日　星期日　晴陣雨

瑣記

上午，陳質修代書來談介紹出售潭墘土地事，余告以每坪不低於千元，介紹費百分之二，增值稅買方負擔，此項價格以星期四以前為限，遲則另議，此人已探詢月餘，原只出六、七百元，今日仍欲按九百元成交，當予拒絕。

交際

晚，參加王建今兄三女之結婚宴，致詞者有謝冠生與丁治磐等，頗極一時之盛。

7月10日　星期一　晴

家事

下午到市立女中為幼女紹因陪考大學入學考試，此項考試於上午開始，上午由德芳及紹寧陪考國文、數學，下午為歷史。

職務

馬君示余以本公司代表Mobil之董事Stark致Mobil函，報告六日之股東會決議情形，希望了解不增資即須納稅之理由，而於七月二十九日之會上必須作一決定，余見其中所述大致不差，然有與事實有出入之處，尤其於所得稅有關事項，即此次專聘之律師蔡中曾亦只知其梗概，遑論淺而止者哉！

7月11日　星期二　風雨

職務

為本年本公司以去年純益轉增資事，本甚簡單，但因Mobil股東代表Stark拘謹過甚，遇事又不肯擔當，以致一再拖延，尚無成議，其本人則又於稅法不能了解，事事以蔡中曾律師見解為見解，以致其見解始終依違兩可，今日余將馬君囑加研究之四項可能方案之得失，計增資九百萬、六百萬、315萬及完全不增，分別製表說明，下午Stark來共同討論，又囑將315萬者試用450萬並將四種方式作成比較表，供股東會採擇，真可謂小題大作庸人自擾矣。

7月12日　星期三　晴

職務

為本公司本年增資問題供股東大會實即Stark一人之參考，今日於原已作成之九百萬元與六百萬元兩方案表格外，又作成三百六十萬一種，此為接近因免稅315萬必須增資之股票易於分割數，作成後，又將此三方案與根本不增共四方案之利弊得失另列一總表，並寫一備忘錄，以馬君名義送董事長與Stark，此事瑣碎之至，馬且吹毛求疵，余即告以Stark將由蔡中曾處得其見解，本公司所作只能作為初步，余雅不願為之一再求精，彼始無言。

家事

下午續到市女中為紹因陪考大學，昨因颱風順延至今日舉行。

7月13日　星期四　雨

職務

昨日所製有關增資案各表，因打字遲緩，直至今日始行送出，下午，Stark來電話囑早送蔡中曾律師研究提供意見，此人全無自信，只願以律師之言以解脫其本身之責，電話中彼詢及稅捐處在課盈餘不轉投資之股東稅時，是否可以不照帳面而照每年查帳結果，余明知在技術上此為辦不到且稅捐處無意如此，但不予說明，只謂當請教律師，今日彼送來電紐約副本，竟認為此種課稅可抵完以後年度負擔，此人之思想歪曲，類如上述。

7月14日　星期五　晴

職務

上午訪蔡中曾律師，面交昨日所製各表，並告以公司關係人員希望其寫出意見，彼對於累積盈餘超出四分之一即須課徵綜合所得稅一節，謂有前案係就全額為之，並不保留四分之一，詢之財部亦云如此，然則余所算之股東負擔又須加重 450 萬元之所得稅，則增資案又非照原案九百萬莫屬矣，彼將照此提出。寫六月份會計表報之說明信函，因馬君在高雄，須待其明日回北核發，現在業務突轉低沈，對紐約之說明比前更多矣。

7月15日　星期六　晴

職務

下星期四為發薪日，而星期三始能由高雄北返，乃於今日趕將薪俸表算出，並簽好移轉存款之支票。自昨日蔡中曾律師提出本公司如不能增資股東又須加重累積盈餘所得稅後，Stark 及馬君又囑依此計劃將前日所辦之說明與表格加以重列，並將副本送紐約，而打字員效率不高，直至傍晚始行辦就發出，其實只為加強固有之結論，以再重打，真庸人自擾者也。

7月16日　星期日　晴

瑣記

因港九受匪共破壞秩序，資金外移，來台北不少，地價高漲，余在潭墘之土地 180 坪，十年無人問津，近則由五、六百元漲至九百元，代書陳賢修曾約定一千元於上週四前成交，後告購者數人款不現成，意見亦有不同，故未成交。

旅行

下午四時四十分由台北出發南下，同行者皆公司同赴高雄開會人員，於下午十時半到高雄，住克林大飯店。

7 月 17 日　星期一　晴

職務

上午九時開七月份公司業務會報於高雄廠，各單位均有簡單之口頭報告，余分財務、會計兩方面略作說明，上午為各單位之報告，下午續作討論，余未有提出討論案，最後討論退休辦法，馬君忽謂此案不應提出會報，因此等案件為公司決策之事，不容同仁討論也，言後並將會報資料內之草案全部拆下收回，其所言固亦有理，然既已有數度之討論與總務處之擬定，馬君不早謂應作公司決策，最後即在會上交換意見，好在此非最後之決定，不知其何以有如許之嚴重性而致出爾反爾也。

7 月 18 日　星期二　晴

職務

上午到高雄廠參加小組會議，討論回收原料處理辦法，並到倉庫實地觀察，在會議中對於現在工廠會計課所施行之逐日責令加工廠填寫原料，及不用領料與退料單而改用撥料單一節，均表不滿，余亦因該項紀錄在分批成本辦法下可以省略，而應以每批領料耗料做紀錄單位，標示希望會計課有所改進，討論中有極其緊張之情況，然最後結論則一致也。

旅行

下午四時三十分由高雄乘觀光號北返，十時二十分按時到達。

7月19日　星期三　晴

職務

因赴高兩天，百事蝟集，今日到公後忽憶上月份之 Capital Expenditure Report 竟於赴高前百忙中忘卻，乃於下午趕出，此外則據孔君相告，二十日須付購料款一百四十餘萬元，乃通知高雄廠動用透支，囑於下午撥來，由交通銀行收帳，至於明天應發薪俸，幸於出發前將表製就，今日趕將支票開出，然因等候簽字，直至下午始將支票送至代發之銀行，此外則全為處理例行之事務。

交際

晚，參加外資單位會計人員聚餐於欣欣餐廳，無特殊問題討論。

7月20日　星期四　晴

職務

紐約來電索一至五月之成本分析表，此表乃就每一產品之製造成本另將推銷與管理費用按比例加入，以覘其是否比售價有利可圖，馬君知本年所算成本中之聚苯乙烯為始終賠錢，今日乃主張速將比例加入之費用部分中聚苯乙烯比例降低，將表重製後再寄紐約，此舉顯然在於掩飾，殊為不智也。編第二季季報表送紐約，其中有一兩期比較分析分析表，將今年與去年同期相比，而加以說明，因其差異與標準為美金五百元以上，故此次說明文字得以減少，不若以前之辭費矣。

7 月 21 日　星期五　晴

職務

紐約方面又有新花樣，即在編製明年之 Profit Plan 以前，先來函定期下月十五日前編送一項 Outlook，其中須將銷貨與純益一一估計，如有與前送之五年 Objectives 不同之處，則須說明原委，余於今日將該函印發業務處、工務處、總務處及高雄廠，請於月底前將資料彙送本處彙編。華夏塑膠公司又提出暫借款 50 萬元之要求，馬君謂待詢趙總經理答復，余亦不願多問此等事，蓋暫時濟急並無不可，然過去常有延宕不還之事，而代付利息數月至今無歸還確期，令人悶損也。

7 月 22 日　星期六　晴

職務

本公司第二套福美林設備免稅五年將於本月三十日滿期，余為確定其開始之日，乃查閱五十一年報稅文卷，知因該年第一套設備未達足量，故計算免稅為其全部生產，未分兩套設備，至五十二年則卷內資料顯示稅捐處直至 54 年三月結案時尚未接財部免稅公文，對本公司已接公文，不作根據，通知稅額，然繳納之實數不同，比通知略少，並無傳票附件可以對照，詢之當時經辦之金毅君，亦全不能記憶，只好根據其所說之理由，即以後該處又承認本公司所接財部公文，乃將原通知數口頭改少，予以結案，不復再加以檢討其有無再可退之稅矣。

7月23日 星期日 晴

瑣記

上午，同德芳到潭墘看即將出售之土地現狀如何，數年未往，見一片草菜，深可及胸，所有購存之紅磚亦已蕩然無存，轉至中和路欲返，見造房出售者，有253巷三弄底一宅，樓上下共50坪，格局極佳，咸以為可照樣自造。

家事

到姑丈家詢問出國手續有無眉目，據云須證明其在台仍有親屬，故希望有余之四十年戶籍謄本云。

7月24日 星期一 晴陣雨

家事

上午，同德芳到外南村看正在由華夏新村建築中之房屋，與屋主談如利用其尚未興建之土地四十坪建一獨院，彼表示歡迎，現在造價約有每坪三千餘元，土地每坪1,400元，故如建樓上下五十坪，約需總價二十餘萬元云。到中和鄉陳賢修代書事務所與另一陳君成交，將潭墘土地180坪出售，每坪千元，先收定金，星期四交割。與德芳到區公所查閱戶籍簿，以明姑丈何時來台，俾申請謄本，但 41-44 年全無，因余 45 年曾由城中區轉回，故新名簿無之，而老名簿則查至 44 年亦無，亦云奇矣。

7 月 25 日　星期二　晴

職務

月底前須辦營利事業預估申報，但經細算之後，因今年新稅率與獎勵投資條例之適用，以及明年是否有新設備可以用盈餘四分之一為資金，等等條件不能肯定，其伸縮性可以由二百萬元至十萬元，為免將來有怨言，經細加分析送請趙、馬二總副經理核定，馬君傾向於從最低繳納，並囑余向趙氏請示，趙意見同，惟會計師問題余亦提出，目的在避免將來外國股東之事後挑剔，而二人均不作肯定表示，馬君推之趙君，趙君則亦不肯表示聘何人擔任，尚在懸而未決。

7 月 26 日　星期三　晴

職務

將預估所得稅事細加審訂，發現計算方式略有錯誤，雖不影響太大，且僅為預估，然終嫌過於草率，經加以訂正，又如擴充設備可省稅五十萬元，馬君之意可以照列，余終以為頗有問題，為斧底抽薪計，乃將數額略低列，蓋預計盈餘一千二百萬元，可提三百萬元，現只提二百七十萬元，防盈餘下半年難達預期也。

師友

晚，朱興良兄來訪，談以余存單作押向合會借款尚須轉期，以待暑中決定台中之房地是否出售遷居台北云。

7月27日　星期四　晴

職務

填寫中華開發公司之產銷季報表，此為在貸款未清前須每季填送之表報，其中且須本季與去年同季比較，今年本季止與去年本季止比較，由於此一比較而發覺有一問題，即單位成本大減，初則不解其故，復乃憶及乃由於今年起製造成本分變動與固定二部分，固定部分約佔製造費用三分之二，不計入單位製造成本之內，故在比較上基礎不同，本欲加以說明，只好待其有疑問時再作計擬矣。繳納預估營利事業所得稅。

7月28日　星期五　晴

職務

今日本公司移址南京東路二段144號，移到後全日整理，猶未就緒，尤其冷氣與電話，尚未安裝，餐廳亦未就緒，故終日未有辦公。

體質

下午到台北醫院參加公教人員檢查，先填問題單，然後量血壓，細看胸腹小腹等部，最後送尿，改日送血液，因驗血糖與膽固醇須未食之前也，此項檢查自極粗淺，然醫師再三詢問有無不適之處，則除無表徵之慢性病而外，似不可能再有其他也，最後且填一調查表，表示滿意與否，不必簽名。

7 月 29 日　星期六　晴

職務

昨日下午余赴台北醫院檢查身體，同時辦公室內桌上玻璃板未能尋到，物品亦不能整理，故紙箱移來之件，未及打開放置，今晨余見已經打開，分置於由其他部分移轉而來之小櫥櫃內，而因地位狹小，又有滿坑滿谷之勢，而電燈與冷氣至今日尚未接好，食水亦暫用蒸餾水，以待自來水臨時混濁現象之改善，故今日只應付一般有時間性之工作，其他只好待至下週始克就緒矣。

7 月 30 日　星期日　晴陣雨

游覽

上午，同德芳應王慕堂兄夫婦之約乘專用車赴烏來游覽，此為今年第二次，到達後轉乘台車入瀑布區，因天旱水小，無甚可觀，只在對面茶座休息，其上新修建之纜車尚未開始營業，而為此而來之游客甚多，不無敗興之感，略作休息後仍乘台車回程，在烏來飲食店進午餐，飯後於一時上歸程，路過碧潭，又雇船在水中盤桓一小時，原欲在上次飲茶之瞿塘港登峰乘涼，因為時已晏，不果，上岸後余等原車回北市，三時到達，今日之游甚樂，惜炎熱未能多作步行。

7 月 31 日　星期一　晴陣雨

職務

董事會秘書吳幼梅將上星期六之股東會記錄交余核閱，凡中、英二文，中文本係自記，英文本部分出自律師手筆，但余見其關於分配盈餘一案，只將轉增資九百萬元作成決議，至於法定公積與外幣債務公積則未提及，顯有遺漏，乃為之加入。交通銀行電話強本公司延長合作金庫對該行之本公司貸款保證，余因花旗銀行已足額，可以不必，然因花旗遲遲不來電續延，不願開罪交行，故允照辦焉。

體質

上午到省立醫院抽血檢驗血糖與膽固醇，並詢問上週驗尿結果，據云小便正常云。

8 月 1 日　星期二　晴陣雨

職務

今日為本公司公告正式遷移之日，故各方送花籃者甚多，亦有前來道喜者，其中金融界由余接待者為合作金庫中山路支庫黃經理與李課長，華南銀行圓山分行連經理、南京東路分行莊經理，彰化銀行南京東路分行藍副理，但因至今未接動力電，連開水亦無法供應，缺乏招待。高雄廠會計課長朱慶衍因改就其他方面之台北方面工作，向公司辭職，今日來函表示好意，余即復函慰勉，馬副總經理囑即物色接任人選，因若干人不欲離北市，人選不易。

8 月 2 日　星期三　晴陣雨

職務

公司現在趨勢漸漸官廳化，例如股東會雙方股份為延請律師各存己見，結果由一人而增為二人，其中端木愷為 Mobil 所請，然此人從未為公司解決一個問題，凡有答詢，皆不著邊際，而各支六萬元，同仁為之咋舌，再如結算所得稅事，馬君不主照往例辦理，余提出須延聘會計師，彼已同意，然在付之實施，彼又推之趙總經理，於是預估申報仍然自辦，此種遇事不能實事求是，即為官式化之表徵也。

娛樂

晚，市商來公司實習生趙筱韻小姐約余與德芳到國光觀劇，由其姊趙復芬與陳元正、李金棠演龍鳳閣，劉玉麟演玉門關，均極精彩。

8月3日　星期四　晴陣雨

職務

稅捐處潘君來詢去年扣繳股東股利所得稅案，因第一次係將不緩扣部分照繳，第二次又補繳緩扣部分以便申請複查准予緩扣，其中趙董事長部分在今年向陽明山稅局申報綜合所得稅後，該局誤為兩次所得，請本市國稅局查案證明究竟係一次抑二次，原經辦人又已調職，潘君乃向余面詢，於是又再度提供去年繳納之資料，又便中詢以緩扣案情形如何，據云尚無下文，已請示財廳多時矣。高雄廠會計課長朱慶衍辭職，今日來北詳談後已打消。

8月4日　星期五　晴陣雨

職務

本月份起，發薪時將由第一商業銀行南京東路分行辦理，今日先往為公司開戶，並回拜其經理邱君與襄理林君。

師友

下午訪簡君於必治妥公司，閒談目前各處建築住宅事。

家事

晨，到姑丈家，據云方舟、方聞已取得體檢表，即赴檢查，姑丈本人則尚須至十日始知可否取得此表云。

8 月 5 日　星期六　晴

職務

紐約方面於本公司編擬明年 Profit Plan 以前，囑先將輪廓擬送一項 Outlook，業務處之資料昨已送到，經余就其所列銷貨額與原訂預算加以比較，結果竟為收入銳減，今年下半年與明年全年皆達無利可圖之境，於是此一 Outlook 如何編送乃大費周章矣。

師友

李德民君來訪，告以前函約到本公司高雄廠任會計課長事，因現任之朱君已打消辭意而作罷。

交際

晚，參加同事黃鑑炎之喜筵於狀元樓。

娛樂

下午同德芳到中山堂看電影，為伊莉沙白泰勒與李查波頓合演之春風無限恨，為一刻劃人性矛盾之心理文藝片，極富哲學意味。

8 月 6 日　星期日　晴

師友

上午，張寶文會計師來訪，催辦其所徵求加入之台北市會計師公會，余告以余不執行業務，故將限於登錄為止，先不加入公會，張君又談此間電機教授山東常同果與黃麟二人正在製造超短波通訊器材，將接受國外訂貨，並將創製彩色電視機，成本比國外為低，二人皆其友人，此事極有前途云。

瑣記

下午同德芳到和平東路、嘉興街、吳興街一帶散步，並注意一般新建二樓住宅情形，吳興街一帶有世外桃源之景象，交通略有不便。

8月7日　星期一　晴

職務

擬編七月份 Estimated Operating Results，係就上月份銷貨金額與成本費用金額估算淨利額，大致其中除銷貨成本須等待當月份製造成本算出後始可明晰實際金額外，其餘皆可由經過數日來趕登之七月份帳面餘額得知，至於銷貨成本則依上月份製造成本單價計算，零星者照一假定之百分比，由銷貨額相乘得之，然後再加入特殊事項如外銷成本之估計退稅等，由此減除固定製造費用與推銷及管理費用，即為淨利。本月份營業數量降低，而估計仍有五十餘萬元淨利，頗覺不近情理，然又無法再作深入之分析，只好待至實際數字產生，再作比較矣。

體質

月來鼻疾轉入由喉頭分泌黃色物，迄無好轉，豬腦偏方仍每日用。

8月8日　星期二　晴

職務

公司所聘法律顧問之一端木愷來電話索稅捐處完稅通知，將俟其核定所得額申請 Mobil 公司匯回盈餘存案，余告以公司不按此數分配盈餘，彼不解，且以虛矯之氣掛斷電話，此種官僚作風自飾其短之律師不多見也。

師友

晚與德芳訪童世芬夫婦及童綷小姐，面送綷小姐喜儀。

家事

今日為非正式之父親節，諸兒女因余之咖啡壺已不堪使用，合購新大同出品一隻為贈，舊者為小廠出品，亦係諸兒女所合購，將秋扇見捐矣。

8 月 9 日　星期三　晴

職務

紐約來函囑填報之 1967 下半年與 1968 年 Outlook，業務部分直至今日始將重新改編之資料送來，乃趕將應填之各表加以填列，至晚大致就緒，此中數字係根據上次所作之 Objectives 加以對照，並將以此項資料為藍本下次作為起草 Profit Plan 之依據。

交際

晚在狀元樓宴請此間各外資單位之會計財務人員，到者十一人，此次由本公司召集，宴會間自由交換意見。

8 月 10 日　星期四　晴陣雨

職務

本日將 1968 Outlook 完成，共含表七張，乃依據業務處所提供修正後之 Sales 數字為依據，將此項數字與原 Objectives 之數量增減加以比較，將增減量相當之成本數字亦予以增減，並加入計算較寬之費用數字，如此明年盈餘尚可達到八百萬元，如再減去利息，約可盈餘六百五十萬元，比原預算幾乎減半，蓋原數字每噸福美林高出限價 500 元，年約一萬頓，又 Cap Wrap 原預定二百萬淨利，亦已不列，此二項即佔原計純益之半也。

8 月 11 日　星期五　晴

職務

為爭取付郵時間，今日一面由周君編製月報表，一面由余就其重要數字準備送表之 cover letter，其中有須向業務部分徵詢說明資料者，亦即向吳幼梅君獲得，至晚報表與信稿皆辦就，只待明晨打字矣。本月純益仍達七十萬元，包括過去月份退稅，在本月七日預估發電時為孔君所漏，故預估較低也。編發七月份資本支出表，此表與每月初工務部分所送者因基礎不同，故不一致，且管表部門不同，故不致引起無謂之查詢也。

8 月 12 日　星期六　晴陣雨

職務

上午，到交通銀行洽花旗銀行擔保本公司貸款案，緣該款係由紐約花旗銀行受 Mobil Chemical 委託以 Stand by L/C 擔保，本月三日三度到期，交行因未見延期，故向其收取，直至昨日始接花旗復電，請允延期半年，並取消收取，該交通行國外部不敢負責，乃約余同到其趙總經理處約同李副總經理處理，決定照趙氏意思仍予延期，但請雙方負擔電費，余歸告馬副總經理，決定以詳情函告紐約 Mobil，請對於續將到期之本月底與九月十日兩筆早日洽花旗銀行延期。

8 月 13 日　星期日　晴陣雨

家事

下午姑丈來訪，談隋方舟、方聞兩甥赴美事已經由美國大使館簽證，現在準備委託赴美女生代為照料同機成行，至於姑丈本人則館員認為不應與方舟、方聞同行，以免有不復回台之嫌，故姑丈決定緩行，余詢以錦堂妹婿來信本謂姑丈原亦可用移民辦法赴美，後因姑丈不肯，乃改用探親方式，如此何不仍用移民方式申請，姑丈則謂隋之居留獲准，表妹則尚未，故恐亦不能用移民方式，則情況似又不同，但姑丈赴美之興趣甚淡則為事實。

8 月 14 日　星期一　晴

職務

為交通銀行借款之美國花旗銀行擔保展期問題，於今日備函致紐約 Mobil Chemical 之 Samson 君，請對於第二、第三兩筆務於到期日八月三十日及九月十日前辦理延展手續。

集會

下午出席光復大陸設計研究委員會，由吳大猷博士報告其主持國家安全會議科學發展指導委員會之兩月來計劃步驟，及對於科學發展之基本看法，並應發言者之詢問對當前種種問題有所說明。

8月15日　星期二　晴

職務

撰寫上月份工作報告，以備提出二十一日舉行會報之用，此月內之工作以財務方面為主，包括所得稅預估、增資案討論，以及借款與還款等項。

家事

紹因於今年考大學，今日放榜，錄取台灣大學法律學系，雖非第一志願，然極為不易，其姊妹四人皆為台灣最佳中學台北一女中畢業，又全為台灣最佳大學台大學生，此事良非易易，數年來企盼有此一天，今果然有之，此真所謂求仁得仁者也。

8月16日　星期三　晴

職務

準備本月份薪津表，此表每月大同小異，差別只在加班費，時大時小，故所得稅與淨發額因之而有大小，今日在計算方面均能易於吻合，未有難尋之差誤，而因填寫時有誤置與筆誤等粗心情形，竟換寫二張之多，甚矣做事仔細之無窮盡也。

家事

晨到永和鎮姑丈家詢問表侄女等赴美確期，據云所搭伴侶昨日往晤尚未見面，但航空公司云須二十日以後云。

8 月 17 日　星期四　晴

職務

最困擾之工作為各銀行徵信所以及各機關送填之調查表，其格式千奇百怪，往往不能就其已填送甲家者而改填乙家，必須分別查閱帳冊表報，有時涉及數年前資料，文卷不全，詢之原經手人亦屬茫然，今日填台灣銀行之調查表，即需 53 年營業稅數字，但傳票無副件，帳內只為印花營業稅總數，無已，乃依據習慣上之二稅之比例加以分割填入，其數字蓋非實情也。

家事

同仁中高銓、潘永珍各有大專新生，乃為紹因交換填送保證書。

8 月 18 日　星期五　晴陣雨

職務

本公司大股東 Mobil 有一種每月之分析報告，余今日第一次見之，其中有敘述本公司部分與此間慕華及所謂海外其他單位並列，余見本公司部分所作當月分析與本公司所送者略有不同，而每月又有累計之銷貨分析，為本公司每月報告所未列，意者該公司每月對本公司資料有常設紀錄，累計分析由此而出，然則本公司之分析工作似尚不足謂為充分也。本月份之薪津將於明日發給，今日將薪俸表送第一銀行，此為託該行第一次發薪。

8月19日　星期六　晴陣雨

職務

端木愷律師派員來為 Mobil 公司申請保留匯回盈餘所用之文件蓋章，余詢以有關事項，據云所申請者並非已分配轉作增資之盈餘，而係今年分配後尚有之累積盈餘，此則見於股東會記錄，記錄內並寫有不完營利事業所得稅若干，須以稅務機關之核定通知書影本為證明，此亦為不甚可解之事，意者外貿會慮公司之偽造盈餘乎？則盈餘之確定在股東會，初不以完稅若干為依歸，而對於此等文件如此重視，揆之外國人投資條例，殊難索解也。

交際

晚同德芳偕紹寧到婦女之家參加童綷與陳君喜筵。

8月20日　星期日　晴

家事

晨，同德芳再到南勢角與興南路觀察前與許人知君所談之建地四十二坪一事，因其鄰地之屋尚未完成，故只與其監工人員陳君初步洽談，原則上仍請保留該地為余建屋之用，彼示余等以在安樂路建屋之合約底稿，見其承建樓上下三十餘坪之屋計用款每坪 3,700 元，此一單價已高出前次所談，又地價亦由一千五百元增至一千七百元云。

8 月 21 日　星期一　晴陣雨

職務

舉行本月份業務會報，討論最多者為工廠有關生產與業務有關推銷之二事，其中由工廠所提而與本處關係較多者為工廠所作之目前採購程序及所用單證格式之研究，並擬列一項改進之具體意見，此事因所涉者廣，而討論須較為深入，故決定明日再開小組會議討論決定，又余提出客戶有欠尿素者要求返還現金，然依理本公司對配購尿素不應有轉售之行為，故商洽結果仍向對方索回尿素云。

8 月 22 日　星期二　晴

家事

晨到姑丈家，因表姪隋方舟、方聞等今日成行赴美，將昨日德芳往購之贈二人衣服與其母慧光衣料面交，其後德芳並於下午到機場相送，溯自十五年前姑母全家來台，今日姑母已在地下，女及其家遠在海外，姑丈已孑然一人，而年屆古稀，當不勝情也。

職務

上午與袁廠長及高、潘二君討論廠方所提之修正採購程序意見，原則上多持異議，僅將小部分作成結論，由廠重擬。

8 月 23 日　星期三　晴

職務

程寶嘉會計師來接洽辦理九百萬增資登記事，決定本公司於本月底以去年盈餘轉收資本帳，並製三十日之試算表一張，備送經濟部之用，接洽之時，吳幼梅秘書在座，且將今年印製去年增資股票即委託會計師辦理，此事自通知總務處至今半年餘毫無吋進，於是又從頭來過，董事會事往往如此。宋作楠會計師事務所詢 Mobil 董事 Stark 今年何時開始查帳，Stark 照轉紐約，並囑逕洽，此君之踢皮球作風遠勝中國官場也。

8 月 24 日　星期四　晴

職務

應收帳款與應收票據每季分析一次，本年第二季已編製完成，表內顯示有一百五十餘萬元之應收帳款超出三個月，大部分為去年所欠，至六月底已半年有餘矣，此外則票據到期至發貨日亦有長達半年以上者，均於函送該表於業務處時，特別指出，請加強收取。協助高銓主任編製一項國外供應商退還欠交貨品補償金應收與實收數目表，交馬副總經理持赴東京向其負責方面催收未收到之數。

8 月 25 日　星期五　晴

職務

趙廷箴董事長自己經營之一香港股票公司本係託友人在港照料，數年來盈餘極少，將收回自理，初步為每月將資料交余審核，並直接與港方人員通信核對帳目，余因情不可卻，只好接辦，余見其帳務甚為混亂，而又無從下手，只就其代理銀行，代理證券公司與港方代辦人中之每月月報不同原因一點，去函請先解釋其基本情況，蓋余對此為門外漢，而該公司已數年，僅由一個月之報表，實難窺全豹也。

8 月 26 日　星期六　晴

家事

晚，為慶祝紹因考取台大，全家在中央酒店聚餐，有特技及歌唱等。

職務

本公司因新工程甫經開始，固定資產支出不多，目前用款只為營業方面，故情形甚為穩定，今日又將交通銀行透支還清，此為已經數度發生之事，然以前有一階段甚為不易也。馬副總經理赴東京，僅三天可回，然以前係交翟總工程師代理，今翟亦於今日出國，於是乃將傳票核簽之權交工程師潘小姐先為一閱，作一暗記，然後交林天明經理代蓋馬章，原因為彼不肯交另一副總經理代理，乃有此等不倫不類之辦法。

8 月 27 日　星期日　晴

師友

上午，同德芳到南京東路五段武昌新村訪簡鴻基君，不遇，在新村遇畢圃仙夫人，旋到其寓所到會客室候其回寓，等候參觀其房屋佈局，余則因事早辭去。

慶弔

上午，到市立殯儀館弔蘇忠恕君之喪，蘇君為革命實踐研究院第二十一期同學，惟結業後無何往來云。

8月28日　星期一　晴陣雨

職務

上月之資本支出帳（AFE Expenditure Register）因有數筆支出為高雄廠經付，傳票上未註 AFE 號數，當時因月報表急於送出，故先製表而等候補登帳簿，不料表送出後即將補帳事忘卻，忽於今日憶起，乃趕將該帳補登，並發現工廠將號數復告後，孔君及記帳人員並未予以補登。

體質

眼患慢性結膜炎，以右眼為甚，時治時停，亦已兩三閱月，昨晚又有劇痛，今日聯合門診李振鐸醫師又配 Cortimycin 水一瓶點用。

8月29日　星期二　颱風雨

職務

因辦公室移至南京東路已一個月，溽暑中冷氣迄未供電，多數辦公位置皆無窗戶，即有窗戶者亦奇熱難當，故一般工作情緒大受影響，此事為移址前所未料及，現在限電似已解除，而變電設備之不足增供動力用電又似為一致命之結，預料今夏已無希望，縱下月接電，已近秋涼矣。

集會

下午到中山堂參加光復大陸設計會擴大座談會，由反共義士吳叔同報告大陸與香港共匪情況甚為詳盡，歷一小時半。

8月30日　星期三　晴陣雨

職務

本公司增資九百萬元，已於上月二十九日通過，為配合公司登記之資本增加日期得表現於資產負債表，故決定於本月三十一日轉帳，今日已將轉帳傳票製就，提撥事項比往年又多一種外幣債務兌換損失特別公積，連同原有之法定公積與特別公積共有三種公積，故有增設提存公積明細帳之必要也。

集會

上午到國大黨部出席小組會議，此會每月舉行一次，余甚少參加，實際亦無甚內容也。

8月31日　星期四　晴陣雨

職務

將分配股利於今日轉帳，同時擬定一項通知股東之方式，去年因有股票股利與現金股利二種，且所得稅扣繳亦有部分緩扣部分照扣之區別，為使股東明瞭，故通函說明甚長，今年則全部為股票股利，且所得稅全部緩扣，情形較為簡單，故信內除說明每股增新股若干及受通知股東共有若干外，即為聲明股票待經濟部核准修正章程後照發，又股利收據與股款收據兩免（目的為減除印花稅負擔全部 36,000 元）云。

9月1日　星期五　晴

職務

本公司之原料甲醇以前由日本供給，其後缺貨失約，補償每噸美金二元，為收入此款，在紐約花旗銀行開戶，並由此間該行介紹，現已數月，中間公司主管趙、馬二君均曾在東京動用該款，但無人送存花旗，於是花旗透過此間該行向本公司詢問，亦只支吾應付，一面催東京速付餘款，上週該行曾問馬君，彼無話可答，謂將由余代答，余知為拖延之計，故未予置理，今日渠獲悉東京已早付紐約九千元，頓為理直氣壯，且責余以何以不聯繫該行，余告以在當時情形，無話可說，彼仍不以為然，迨余轉知該行款已交到，經辦人要余通知，余只虛應之而已。

9月2日　星期六　晴

職務

最近有二事影響工作情緒非淺，其一為自遷移後一個月來尚無冷氣，只賴電風扇，不足調節，其二為餐廳於昨日起停辦，於是由總務處在外間招商承辦，兩天來菜餚欠佳，幾乎無人不怨也。

娛樂

下午到中山堂看電影，唐寶雲主演婉君表妹，描寫一家三兄弟均戀其表妹孤女，結尾三人均昇華而外出，淒婉欲絕，然最後又加一段三人均有信來，如何如何，蛇足之至。

9 月 3 日　星期日　晴

體質

兩目患角膜炎已久，點用 Cortimycin 每日二三次，似有治標之效，然無治本之功，有時任一眼球忽覺有粒狀物，以前以揉搓之方法往往不能平復，現則只能用閉目養神之方式，若干時間後大致可以消失，如此情形即有警覺不宜多用目力，而電視則有時亦須涉獵，其餘則擇大字之書報加以省覽，並儘量用不耗目力之方法消磨時間，如收音機、電唱機等是。

9 月 4 日　星期一　晴

職務

與業務處及高雄廠舉行小組會議，討論 Polystyrene 增產後明年如果收回自銷，應如何安排及解除困難，並目前安達代銷每月為八十噸，將來如生產增加，內銷須亦加至 150 噸時，即難辦到，故須自銷，但問題甚多，染色與發票以及費用之增加皆是，決定由工廠先試編染色成本之估計，業務處則作銷售費用之估計，最後由會計處綜合觀察並協助編擬計劃云。

9 月 5 日　星期二　晴

職務

工商普查第二階段之抽樣調查其中有本公司在內，應填之表可謂千言萬語，本由總務處填製，但一部分空白又須本處依帳上數字予以核算補充，故今日余予以續填，甚費周章，最後尚有主要原料之年初與年終盤存及全年購入與耗用數字，因原料明細帳在工廠登記，故發交工廠再予補充之。上午開小組會討論半年來代 Mobil 加工之 Cap Wrap 一項實際成本與假定將來續做時之理論成本，以及如自製自銷之可能製造成本內容等。

9月6日　星期三　晴

職務

撰寫上月份工作報告，備提下星期舉行之本月份會報，其中較重要者為 Cap Wrap 計劃之成本計算，計分三種，一種為按八月份實際計算，因生產已上軌道，較低，二為照全期計，較高，三為理論上之可能成本，因加入目前未算之各種間接費用，故應最高，三者皆較目前 Mobil 所付加工費為高。

交際

中午，與美援公署各同仁公請由港來台之楊永元兄。晚參加外資公司會計人員聚餐，由台灣電子公司林咸祚召集。

9月7日　星期四　晴

職務

今日將預估八月份盈餘如期以電報通知紐約，本月因福美林銷貨較少，故盈餘只五十餘萬元，在估計之時有二個因素難以確定，蓋估計中之最重要項目為銷貨成本，歷係照上月生產單價計算，而零星出品則照銷售價款之百分之五十計算，今日因電木粉上月單價有誤，故人為的予以拉低每噸二千元，而紗管則為數比往昔為多，若完全照武斷的百分比計算又有失實之虞，故亦略加分析，照數項大宗之上月生產單價加以參考平均，改照銷價70%作為成本云。

9月8日　星期五　晴

職務

審查高雄廠所研擬之改進採購收料等手續，其中多有合理之處，如收料單與驗收單本為二種可採用任一之文件，但久之常有雙單並用之事，此事在余初到公司時二年前審定材料管理規則之時，本已發生疑問，然未肯多事加以修訂，現廠方欲加以合併，甚有見地也。

師友

晚，同德芳到雙城街訪李德修原都民夫婦，贈其子女以新出版之國語日報兒童叢書。

9月9日　星期六　晴

職務

因下週一需支付長春料款及其他應付款三百萬元，原擬向交通銀行動支250萬元，後悉有香港來信用狀美金六萬餘元，可以押借外銷貸款，經與花旗銀行商洽，該行本定額外銷貸款二百萬元，因其他貸款未用者尚多，允將限度通融，按250萬元照借，今日上午完成手續，因此項外銷貸款手續甚為零碎，故上午往返三次始行辦妥，按此項利息因係以美金歸還，利率為月息.625%，較透支息1.11%為低云。

9月10日　星期日　晴

瑣記

上午同德芳到南勢角華夏新村約建築商許人知與盧君商談訂建房屋事，此事已洽談半月餘，現在許君準備與其第二批房屋六棟一同動工，余所定之建地約45坪，先將草圖與擬用之建築方式材料等向許君說明，然後請其先做設計，俟造價算出後再做進一步之磋商。

體質

角膜炎仍未痊癒，昨由公保中心取來眼藥兩種續點。兩三月來以豬腦治鼻疾，未見效力，因白蘭地一瓶用完，今日停止。

家事

到姑丈家探詢，據云探親赴美仍有成行可能，正申請中。

9月11日　星期一　晴陣雨

職務

舉行本月份業務會報，討論主題集中於工廠呆存成品與退回次貨之處理問題，其次即為假定聚苯乙烯收回自銷之染色如何進行問題，然後又討論 Cap Wrap 之初步成品運美後，彼方反應謂彈性拉力不夠，現在正停工等候紐約派員來台接洽，成本方面則以七、八兩月為例，仍然不夠 Mobil 所付之加工費代價也。

9 月 12 日　星期二　晴

職務

昨日業務會報未竟事項今日續商，余報告 Cap Wrap 案支付款項與估計情形，又應收帳款懸欠情形，最後並談及中餐問題，自自辦餐廳停止後，此問題始終未獲解決，分頭提出各項解決辦法，尚無結論，其後趙總經理因各方反應不佳，自稱擬再恢復樓上之餐廳，但不知何時實現也。編製八月份 Capital Expenditure 月報表，完全採用未完工程帳所列數字，在編製時發現上月份之月報表所填總數與細數有誤算之處，完全自己粗心。

9 月 13 日　星期三　晴

職務

寫作八月份報表之 cover letter，分析盈餘減低之原因，總務處以所擬退休（職、工二種）辦法草案徵求意見，余見所訂標準甚低，不但不及民營，且不及公營，乃簽註意見，認為可以仿照公營，否則無所本據，難期周詳，至工人方面則既有省府公布之退休規則，應完全準據辦理，因如超過，仍然有效，設有不及，仍須追補，獨出心裁，反滋紛擾也。

慶弔

馬星野兄在大陸喪母周年，上午在善導寺誦經，往弔祭。

9月14日　星期四　晴

職務

本公司福利會每年三節例有贈品，今年因有一批福利會應收帳款為樓上華夏公司所欠，其應提撥之四成福利金公司不肯預提，僵持不決，幸今日樓上將款撥到，其中四成有餘為現款，乃得以撥出。連日公司頭寸甚緊，因支付略多而又不肯向約定銀行用高利借款，以致常在此種狀況下等待下次客戶收款之接濟，此舉常常生效，因而利息省卻不少，即如去年全年付息 250 萬元，今年八個月則僅八十萬元，相差倍蓗也。

9月15日　星期五　晴

職務

Mobil 委託端木愷律師事務所辦理外國人投資條例內之二件申請登記事，其一為未分配盈餘遲延匯還之登記，二為分配股利轉作增資之登記，今日該律師事務所派梅君來蒐集資料，瑣碎萬分，蓋其轉增資並無明確如何登記之規定，只依條例內所訂之初次由國外來台輸入投資之延伸適用，若干之事項均不能完全適用，於是只能生吞活剝，囑填許多文不對題之表格，今日由余與吳幼梅、潘永珍三人應付，尚未知是否適當也。

9月16日　星期六　晴

職務

開始編製本月份 payroll，雖為照例之工作，然每月加班費之數目不同，因而所得稅計算不同，又工友二人之加班費係按職員全體之加班時數剔除重複後綜合計算，故須等待全體職員之加班申請表填好後再交總務處統計，通知工友申請，然後將各數一一填入薪俸表內，始能計算總數，由於職員者常有拖延情形，故不能迅速完成，今日大體上尚免此項遲滯之弊，又在編寫時未生錯誤或重寫之事，亦罕見也。

9 月 17 日　星期日　晴

家事

為紹彭測驗並解釋其高中英文第三冊第一課，論學習外文，全篇用含有一或二個子句之句法，主旨在告以認明主句之法。到姑丈家，不遇，留字約明日中秋晚到余家晚飯。

娛樂

下午同德芳看電影，日片沈丁花，京町子、司葉子主演，文藝氣息濃厚，演技亦沈練可喜。又昨晚同看金素琴演彩樓配三擊掌與別寒窰，亦佳。

體質

三日來改用涼開水吸洗鼻腔，謂可治鼻竇炎，每日一次。

9 月 18 日　星期一　晴

中秋

今日為中秋節，公司於中午下班，晚由德芳治酒肴，全家度節，本約姑丈來寓共餐，但候至七時未見到來，亦無電話，即不再候矣。瑤祥弟來送金門樣酒數瓶，並取回自養之雞一隻，招待客人。今年氣候特殊，上週突然轉涼，極似大陸之初秋，今夜月明如水，引人遐思，猶憶中學時，曾於一中秋與蔣嚴舉、燕庚奇諸君子校園賞月，獨成新詩八十行，今二人行徑各異，消息杳然，而明月依舊，人事倥傯，忽忽已四十年矣。

9月19日　星期二　晴

職務

上午到花旗銀行辦理貼現借款五十萬，並告以月半時續有一百萬元貼現，經辦人云多多益善，蓋該行對本公司信用卓著，認為係上等客戶也。

家事

晚，華夏新莊盧君來送擬建南勢角房屋之藍圖，設計甚為周詳，惟造價比月前已高出甚多，計 50 坪需款 20 萬元，再加地價六、七萬元，將難以籌措。

9月20日　星期三　晴

職務

自公司銷貨每筆均有一通知單號數（Advice of Order No.）以來，所有成本及費用均另按 A. O. 設立一項備查帳，其目的在依每一 AO 之售貨收入與最廣義成本相較，以見其盈虧情形如何，記載以來，亦已數月，因推銷費用常有棉亙數月不能清付之事，故至今尚無一個結出最終數目者，而積壓既久，乃有六十餘 A. O. 未有結算，適稅捐處周君介紹一臨時實習學生，為期一個半月，乃著其從事此一工作。

9 月 21 日　星期四　晴

職務

本公司因福美林免稅五年而尿素膠則否，故客戶買尿素膠皆用委託加工方式，客戶自供尿素，本公司開給福美林與加工費發票，中有李長榮一家前年已停止購買而結欠尿素 490 公斤，不願歸還現品，而尿素為肥料公司配給，本公司又不能作價出售，因而久未解決，今日經辦人始云，此中尚有相當於此數之福美林與加工發票未開，對方要求改開尿素膠發票，余細思此事在 54 年福美林必有因此盤損，不妨即以現在盤盈方式允開發票，即以尿素作為盤虧相抵，經函工廠徵求意見。

9 月 22 日　星期五　晴陣雨

職務

與洪有統君到花旗銀行，與莊君等談最近所還類似計劃性外銷貸款，依據該行所填結匯證實書，將喪失本公司之出口實績一問題，蓋該項證實書上須以右側所結售之外匯始加入實績，如在左方作為以原幣歸還貸款，即不能歸入實績，此問題真相明瞭以後，並經與其他公司類似情形核對以後，認為該行應有補救辦法，下午又幾經磋商，最後該行答復洪君可以將本公司借款時，該行將借出之外匯結售該行之水單附入證實書之後，以備台灣銀行之查考，於是本公司實績無礙，此項貸款以後可以續借云。

9月23日　星期六　晴

旅行

昨晚送姑丈乘夜車到高雄，今晨到達，住克林飯店。

家事

上午同姑丈到益祥公司洽復興公司復中船期，據云須明日啟椗，今日最好先將攜帶書籍送主管方面檢查，乃同到台南關該單位與李建修中校洽談，因李君週末有他事，約晚十時送檢，實際上又以電話改為明天。

職務

下午到本公司高雄廠接洽二事，一為李長榮所欠尿素轉帳方式事，二為退貨重製紗管之先製後退時成本與倉庫等處理手續，原則均有確定，後者內容甚複雜，同時商談者有袁廠長與加工廠李飛鷹主任，所見均略同。

9月24日　星期日　晴

家事

上午同姑丈到台南關與李中校洽檢查書刊唱片出口事，事先得其同意未將書籍帶往，僅以書單核閱，謂唱片本限三張，現亦完全放行，且謂完全根據信籍，希望單開與內容一致，余保證相同，約其午餐，堅決謝絕，此人甚熱情可感；又至益祥公司，知下午可啟椗，回旅社休息後，下午四時到車站提取行李後，逕至六號碼頭驗關，登輪，甚寬舒，於五時半啟椗揮別。

9 月 25 日　星期一　晴

旅行

昨日送姑丈赴美後，因兩日來用錢太多，移住福家旅社，今晨乘光華號火車回台北，因火車準點，甚速，於十二時到達，秋涼後此次列車甚好。

職務

此次赴高雄本用請假方式，馬副總經理因余久未赴工廠，主改為公出，庶公私兼顧，其意亦在省余之個人費用，甚為可感，故於歸後報支旅費，舟車及星期六由公司負擔，星期日則自行負擔。

師友

晚，朱興良兄訪談，並贈威士忌酒二瓶。

9 月 26 日　星期二　晴陣雨

職務

本日有一極有趣之會計技術問題，緣本公司在中山北路之冷氣機移至南京東路，但其附屬之風管則在舊房連同其他已不在資產帳之雜物，持售於房主獲價二萬元，現在又裝新風管於新址為四萬餘元，余最初以為風管為一單獨項目，主按舊的殘價註銷，而以估價差額作盈虧，後竟係在冷氣機價內，不能分割，乃又改為按售價將風管部分註銷而以新價加入冷氣機內，於理甚合也。

師友

晚，蘇景泉兄來訪，閒談。

9月27日　星期三　晴

職務

馬副總經理相告，正在考慮提高員工待遇，但不能預定為百分之十、百分之二十，或百分之三十，須先就全般財務情形作一分析，以作參考，乃先採取八月份之數字，包括全月薪津數、工資數、製造成本數、全公司薪工總數、製造費用、推銷及管理費用數等，一一求出其增加之絕對值與百分比，列成一表。

瑣記

南勢角委許人知君建屋事因款項調撥不出，為免該工地久久延誤，今日函告停止辦理，以待將來再行委建，至設計費用請告以便補償。

9月28日　星期四　晴

師友

晚，許人知君與盧君來訪，詢悉昨晚去信尚未遞到，當即面述不能立即建築之困難，並再三請告設計費用應補償若干，二人對此堅決不受，其意可感，然余與德芳則中心不無耿耿也，詢以此期工程完成後，是否再做，謂尚未具體，但原則上準備續做，俟有成議，再行隨時聯絡，余表示對此一建築確因調款困難，倘將來在其他土地上續做（南勢角許君之地已用完），仍願將所畫藍圖付之實施也。

9 月 29 日　星期五　晴陣雨

職務

因進口 styrene monomer 預訂今日匯撥關稅款 180 萬元，上週已洽妥花旗銀行，以部分外銷貸款及部分票據貼現，支應此項用途，但慮及船期無定，故洽高雄廠於今晨再作最後之聯絡，以免虛耗利息，今晨通電話時仍謂如期使用，余已將借據等備妥，即將出發，為他事所阻，而電話突至，謂船須下月三日始到，於是乃通知花旗銀行借款作罷，蓋本公司到期票據以明日為獨多，設非今日必需，借款即作罷矣，此事因安排緊湊，得節省利息一千餘元。

9 月 30 日　星期六　晴

職務

趙總經理自營美國股票買賣，係由香港王振芳經手，歷來略有蠅頭微利，趙氏謂其作風如此，余今日核其所送八月份月報表，見此月買賣頻繁，而月底存股票與現金相加反比上月為減，初見莫知其原因，細研知當月一面買進，一面月底即按較低市價作帳，故為數降低，所謂作風，信然。

集會

下午黨校同學舉行茶會於交通銀行，決定每二月一次，每年聚餐一次，並由各同學報告國內外政情而散。

10月1日　星期日　雨

譯作

開始譯 Belshaw 之 *Agricultural Credit in Economically Underdeveloped Countries* 第七章 Aspects of Corporative Organizations，因方著手，僅寫千字，數日來因在暑中，且合作金庫方面尚有一章未刊，故未積極從事，半月來已秋涼，乃亟思於三數月內將最後四章完成云。

體質

鼻疾百般醫治，最後均無效果，旬日來又用以前友人相告之最簡單方法，即吸入冷開水予以洗滌，達口腔而止，現已能兩鼻同吸。

10月2日　星期一　陰雨

職務

本公司每年查帳係由宋作楠會計師事務所擔任，實際為由菲律賓來此之 Sycip 公司，今年該公司早已與公司及代表之董事 Stark 商量，Stark 將此事轉至紐約，蓋紐約 Mobil 為本公司大股東，此項查帳由彼而起，且彼負擔其大部分之公費也，惟一兩月來無紐約消息，今日 Sycip 方面忽電話商量開始查帳日期，余轉告馬副總經理，致電話問Stark，雙方談話難獲焦點，下午 Sycip 方面又謂已得紐約來函委託，且有副本致本公司，然遍查無之，擾攘終日，尚無結果。

10月3日　星期二　雨

職務

本公司客戶李長榮木業公司曾於前年收到尿素膠千餘公斤，工廠未開發票，當時雙方係按委託加工辦理，彼提供尿素，本公司開福美林與加工費發票，其後停止往來，結欠尿素九百公斤，向其索還，初則不肯還現品，後則要求改為售出尿素膠，經已允許，且將發票開送，該公司見又不如還尿素合算，又要求還尿素，且謂數量只八百餘公斤，余今日囑業務人員轉告，方式盼勿再改，但數量可以減少，差額勉作折讓云。寫作九月份工作報告，備提下週之會報。

10月4日　星期三　雨

職務

到台灣銀行辦理出口外匯預繳，行員辦事態度尚屬認真，但付款支票抬頭寫錯，須明日更正。下午舉行小型業務會報，檢討最近應辦事項，屬於本處者有趕辦明年預算，早作準備，分析每批銷貨之盈虧等項，目前本公司最大問題為售價無起色，而成本不能降低。

交際

晚，外資單位會計人員聚餐於藍天餐廳，並交換意見，藍天為潮洲菜，中插鐵觀音小杯茶，進口苦，入喉甘，別開生面。

10月5日　星期四　雨

職務

趙總經理之綜合所得稅係由華夏公司陳武雄經辦，其去年度所扣54年本公司股利所得，因係上半年繳納一部分，下半年又用先將原扣部分繳清再申請複查緩扣之方式補繳，故扣繳憑單有二張，其中均註明總數若干，此次繳納若干，二者可以互相對照，但陽明山管理局誤以為係二筆同樣之所得，詢之本市稅捐處，已加以解釋，且由陳君依據調閱余之扣繳憑單製影本作證，今日市稅捐處改組之國稅局潘君又來，謂陽明山局文卷遺失，又囑查補影本，余詢陳君，知其又將余之原本遺失，無已，乃重行核算，以抄本交潘君，此等事皆始料所不及也。

10月6日　星期五　陰

職務

Expandable polystyrene 新廠擴建延未施工，連日因進口樣品美金二千餘元支付款項發生特別情形，緣進口三噸實需二千八百餘元，而請匯只一千五百餘元，尚差一千三百元無款支付，須自籌外匯，其一部分適有本公司代供應商人員墊旅費一千元可以相抵，尚差三百元本可用紐約特別存款支付，然支票空白未到，故臨時由林天明君在外暫借旅行支票支付，待數日後歸還。

10月7日　星期六　晴

職務

今日預估電告紐約前月盈餘，是月銷貨破八百萬大關，倍於兩年前之水準，而純益不足百萬，且略低於彼時之月盈，無盈餘之生產增加太多之故也。

參觀

下午同德芳參觀王芹圃畫展，四君子作品俱佳，似以菊為獨奇，缺點為每畫必有律詩或絕句，雖作者以為獨擅，實太過也，書法亦尋常。

娛樂

下午同德芳看電影於中山堂，Shelly Winters主演A Patch of Blue（再生緣），黑白綜藝體，劇情與演技配樂俱佳，富人情味與文藝氣息，黑人男主角演來亦不弱，女主角飾盲女，更維妙維肖，美片中不可多得者也。

10月8日　星期日　晴

譯作

續譯*Agricultural Credit in Economically Underdeveloped Countries*第七章合作組織，第一段論一般問題，此段涉及合作社在此等國家備受批評，陷於低潮，與國內情形若合符節。

參觀

下午同德芳到歷史博物館看張大千近作展覽，展出五十餘幅，含有新作大幅山水，似受西洋印象派影響，不易領略，反之傳統國畫則筆意精妙，布局和諧，非他家所及，且畫法歧出，極見淵博，引人入勝者在此而不在彼也。

10月9日　星期一　晴

職務

本公司自製造聚苯乙烯加工品，退貨問題日益嚴重，因而倉庫之成品存量與帳面結存時有不符，近來更有在退貨以前先行製造備退換之新貨，待製成送往客戶後始將舊品收回，然並不立即回收原料，於是新品依成本計算成為倉庫之製成品，送出時不作銷貨，而差異生矣，上月余赴工廠時本決定月底前加以清理，覩其情形似未如理想。上月營業外收入較多，係因國外原料供應商短繳補償之款列帳之故，因須開發票，詢稅捐處應按何類納營業稅，因四類俱為營業內收入也，據答應為第四類，稅率最高，但理由又難舉其詳。

10月10日　星期二　晴

參觀

故宮博物院擴建兩側完成，增加展品，柬邀參觀，下午與德芳率紹彭前往，展出各類文物比前多出一倍，走馬觀花，用去兩個小時，今日展出有一特色為銅器、瓷器、玉器增加，緙絲繡品亦有專室，碑帖有晉唐名刻，則前此所無，今日展覽間蔣總統及夫人亦臨院觀賞，群眾鼓掌致敬，狀至熱烈。

10月11日　星期三　晴

職務

到花旗銀行託其錢君代為催促該紐約行速寄支票本，緣本公司為支用前所存入該行之海外款，曾函該行速寄支票簿，但半月來迄未照辦，本擬電該行即辦，馬君之意託該台北分行辦理，乃往面洽，尚不知其為用電或用函耳。

體質

用涼開水吸入法洗滌鼻腔已近月，然近日仍由喉頭分泌黃色粘液，且數日來嗅覺特別不靈，早晚尤甚。

10月12日　星期四　晴

職務

去年分配五十四年盈餘轉作資本，依獎勵投資條例第八條應緩扣之股東所得稅，係於去年此時商得律師會計師同意照稅捐處通知扣繳後申請複查，一年來尚未作決定，日前稅捐處人員來此猶謂在財政廳延不置復，余謂將再備函相催，彼謂措辭不妨嚴厲，余於今日辦文致北市國稅局，謂財廳違反所得稅法限制，請該局接管後迅予決定退稅云。按今年緩扣案曾詢國稅局潘君，謂緩扣並無程序，待其調查即可，故現在尚無發展，預料不致先繳再請複查，然則去年之律師、會計師亦只慷他人之慨而已。

10月13日　星期五　晴

職務

甚矣處事之易於疏漏也，今日擬上月之資本支出表並撰寫上月之營業報告，發現前次之函內述八月情況，竟謂比下半年前二月如何如何，又上次資本支出表合計數亦有錯誤，而本次周君所擬電報稿則又將稅後盈餘作為稅前盈餘，經發覺後改正，凡此皆出於無心，然亦最難防免也，有之唯有在複核時為之，然亦不能百分之百，如上述之第一疏漏係由馬君詳核後始發出，彼亦受有暗示而未能發現。

10月14日　星期六　晴陣雨

職務

昨日稅捐處來電話，謂去年度本公司營利事業所得稅藍色申報案現已由審計處派員查核，提出問題數則，望余到該處答復，原訂今晨前往，後又改為下週，余今日見所提問題有為近來所忘記者，乃於今日先作準備，乃將有關傳票重新尋出，始得將回憶喚起，其實不過三、四月前事，在昔固記憶常新者也。

10月15日　星期日　晴陣雨

游覽

上午同德芳約朱興良兄乘火車遊礁溪，此地已三數年未至，比前繁榮多多，余等仍在以園林見勝之東園旅社，溫泉清澈，浴罷甚暢，又雇車至五峰看瀑，其妙在峰迴路轉，非一眼可盡，游人謂登山凡五轉，故名五峰，惜以路滑，只在一峰處低徊，高處之瀑則遠觀而已，下午三時餘乘車返，於雨中抵台北。

交際

晚，張金鑑兄之子結婚，余與德芳等同往賀，德芳留赴喜宴。下午王克矯兄之四子、六子結婚，余往賀，因二子同婚，故有別開生面之觀。

10月16日　星期一　陰

職務

總務處數月來草擬退休辦法，並徵求各單位意見，余曾表示不如即照國營事業辦法，以免自行規定，反難周詳，吳幼梅君亦同余所見，今日又作初步討論，林君主張仍照彼之草案，謂公營事業方面資料亦曾參考，在其中矣，其實完全飾詞，彼並不知余所主張者為何也；今日並因翟元堃君由歐美出差回國，於發泡聚苯乙烯之建廠進度再加檢討，認為最速亦須明年一月底以前完成云。

10月17日　星期二　雨

職務

馬君因受 Stark 之刺激，兼以紐約即有大員來此，乃囑改為首先趕辦十月起至明年之 Cash Forecast，並將過去六至九月份之實際數列出與預定數加以比較，此事關係人員之周煥廷、高銓與潘永珍一同工作，高君準備採購方面之用款，潘君準備支用於資本支出之細數，至深夜已略有端倪，其中六至九月份先按簡捷方法作出，但不能收支相抵與結存相符，除已查出一部分原因外，尚須進一步作詳細分析。

10月18日　星期三　雨

職務

續作今年下半年與明年上半年之 Cash Forecast，後者因只須等待採購與工程數字，均如時交到，故順利完成，前者則自六月至九月為實際數字，十至十二月為估計數字，其中實際數字因須與帳列現金結存相符，乃大費周章，蓋總帳數字皆含轉帳事項在內，全不能用，而便捷方法亦難有結果，乃用極刻板之法，即依據收支簿之現金數再按科目統計，理論上本無問題，但工作至深夜，仍有差額，經勉強作成，以待明日詳查原因，再予調整。

10月19日　星期四　雨

職務

備妥本月薪津表，明日發薪，此次造表完全無所損壞，且費時不長。到花旗銀行借外銷貸款與票據貼現，貼現之現金收入本按扣去利息後之淨數作為現金收入，因連日對於分錄簿之亦有現金科目分錄，現金收支數目記載有欠劃一，故擬改為完全由現金簿登記，於是票據作全額收入，而以利息作為支出，如此與銀行對帳單勢將不符，再三檢討，尚無定論。

交際

晚，與林天明、貝聿燾請財政部譚、林、閻、鄭諸專門委員科長吃飯，目的在催其速將聚苯乙烯免稅案核定。

10月20日　星期五　雨後晴

職務

續作1968 Cash Forecast，並連同附表Breakdown of Purchases及Breakdown of Capital Expenditures一併打印完成。製成第三季季報表送紐約，此表最費時間，其中之盈餘分配表自三月間Samson來作一示範填發，其中問題仍多，又有資產負債與損益之去年同期比較，須說明較巨差異之原因，亦大費周章。

慶弔

晚，與德芳到新店送崔唯吾先生七十壽禮經石峪榻本並頌詞小箋，並飾詞聲明為誤記夏曆六月十九為七月十九，崔氏謂整壽將於明年再過。

10月21日　星期六　晴

職務

昨製第三季季報表內有盈餘撥補表，甚多曲折，表列之期初未分配盈餘依紐約來人指示，係將法訂公積按稅後盈餘百分之十轉列已分配欄內，實際轉帳在八月董事會後，其時稅後盈餘數略高於年初依所得稅假定數算出者，故法定公積亦略高，同時八月又增提特別公積，故在此撥補表上只列特別公積一項，未列法定公積（指未分配部分），然此特別公積數又略高於帳面所列，此即年初法定公積低列之差額，本當分別兩項列出，但說明太過繁瑣，且只差一極細之尾數，故未予再分，今日細思，終有未愜，而表已寄出，但為備查起見，在留底之尾端用中文詳註。

10月22日　星期日　晴

慶弔

上午到市立殯儀館弔奠孫振仙太夫人之喪，並參加治喪委員會公祭，另送花籃一隻，孫君牟平人，為游擊英雄，喪禮中與祭者極眾，家屬守靈者亦多。

參觀

到博物館參觀林業展覽會，由生產及出口與製造，皆有介紹，各種林木製品尤為出色。

10月23日　星期一　晴

職務

凡事細密之中仍不免疏漏，余今日核潘永珍君所算之 Cap Wrap 估計成本，見有所算每隻單位成本，為美金 .31，顯然為小數空位有誤，迨向其面詢，始知其左方定位為 US ¢ 以代 US$，因別開生面，然亦未加細觀，致有誤解也，又其中用縛捆一字之英文為 tieing，余查字典確知應為 tying，迨詢之潘君，謂現代英文可用 tying，乃查一種大字典，果有二項用法，此則只知其一不知其二之弊也。

10月24日 星期二 晴

職務

上午，舉行小規模談話會，談 Cap Wrap 計劃，緣該一計劃自試做數月後，因毀損率太高，且未知檢驗是否合格之標準，電紐約詢問，紐約決定派 Smith 來此面洽，彼於昨日到達，今日即行開會商討，然後由渠到工廠洽辦。辦正式公文通知高雄廠對於客戶換貨之回收原料務於當月份辦清，將換出新品之成本差額列入其他損失科目。編製第三季產銷量值季報表，送中華開發公司。

10月25日 星期三 雨

譯作

續譯 *Agricultural Credit in Economically Underdeveloped Countries* 第七章，論合作組織中之第三、四段，論關於合作事業發展之障礙，以及在特殊國家之變相合作社如何在過渡期間有其必要等問題，今日共譯成三千字，本章已竟其半。

瑣記

今日上午九時有頗強之地震，為四級，聞最重者為宜蘭，達五級，有死亡及倒坍。今日為光復節，放假一天。

10月26日 星期四 雨

職務

本公司前受 Mobil Chemical Co. 之委託代為加工製防味罩，其中設備部分由該公司供給，原料亦由該公司進口，本公司因而所增加之安裝、配件、稅捐、運雜等費依理亦應由該公司負擔，計新台幣十萬元強，現因該公司派代表 Smith 來台，乃於今日將墊付款資料依據帳簿傳票加以分析，分成設備安裝、原料物料、關稅運費，與試車及什費等項，用英文列表，準備請該公司歸還，大部分均無問題，僅試車、什費等在兩可之間也。

10 月 27 日　星期五　晴

職務

辦理本年考績，本處共同仁四人，均成績優異，建議從優予以晉級。到稅捐處接洽權利金扣繳事，緣上週曾來電話囑往接洽，至則由黃小姐洽談，謂因本公司對海外權利金有由第四課扣繳之事，但營利事業之被扣應由第一課辦理，此次通知為提醒將來勿爾，余唯唯，因過去從未扣過，此次如此實因審計處上週查帳誤以為已經繳過也，余初不悉是何公案，至此始為之釋然。

集會

下午出席實踐研究院組會議，並改選焦寶權為召集人並聚餐。

體質

下午，到聯合門診中心看眼，仔細檢查後認為眼皮緣發炎及砂眼。

師友

訪邵光裕兄於台銀，託代姑丈換其出國前託買之支票美金七十五元。

10 月 28 日　星期六　晴

師友

訪邵光裕兄，取來託調換之美金 75 元支票，所換者為三藩市一中國銀行之 Money Order，似為當地支付者，抬頭為台灣人，已背書，且用中文寫有此間地址，不知其是否合於彼邦習慣，該票反面且印有 When cashing this money order require full identification and endorsement in your presence as claims against you, as an orderer, may otherwise result. 以下空白橫線下為 Endorse exactly as shown，殆指反面抬頭而言。

參觀

偕台達同仁參觀美國機器展覽會，出品不多，只數十家，且多由此間經銷商買入者，各美國銀行亦備位其間，殆助興者。

10 月 29 日　星期日　晴

譯作

續譯 *Agricultural Credit in Economically Underdeveloped Countries*，第七章論合作組織，第五段論政府之任務，作者主張在低度開發國家中應採提倡與輔導之方策，但最終仍須以還之於社員治社之鵠的為理想。

家事

明日為紹因十八歲生日，下午到老大昌定製蛋糕一只。

10月30日　星期一　晴

職務

塑膠工會來函調查去年營利事業所得稅之營業核定額，費用額與純益額及建議應採之費用率與純益率，余於下午為之填送，蓋此為依據省稅務處之要求，限時急件，但目前本市已不屬省，未知其如何聯絡也。

集會

上午到國大黨部參加小組會議，此會流於形式，完全以分配紙面工作為主。

10月31日　星期二　晴

慶弔

今日為蔣總統八十一歲誕辰，上午到實踐堂、國民大會及政治大學等處簽名祝壽，下午到民眾團體活動中心參加酒會，有紀念品鎮紙一對。晚間廣播與電視各有特別節目，電視為京劇伶票十八人清唱表演，頗多精彩之處。

參觀

下午到士林園藝所參觀祝壽蘭展，洋蘭最多，萬達蘭次之，素心蘭亦有多盆，余鼻官不靈，然微聞香氣襲人，沁入心脾，此外則榕樹盆景與九重葛盆景亦多有匠心之作，尤其九重葛，能在一古枝上繁花如錦，可見栽培之勤，該所又建新假山，益增點綴。

11 月 1 日　星期三　晴

職務

紐約 Mobil Oil 又發佈會計 Manual 今年生效之第二章、第三章與第六章，其中局部格式之改變甚多，然亦有並非此次所改，只為累積多次之改動而於此次重印予以澄清者，至其最重要之第一章，即會計科目與定義似乎與最近發布者未有重大改變，而此次第六章有關季報部分則又似乎過於略省，事實上每季必有一通函加以補充規定也。程寶嘉會計師事務所電話詢問六月間通過之業務項目何以與現在者不同，余因吳秘書幼梅不在台，經查卷相告，必有原因，以紀錄為準。

11 月 2 日　星期四　晴

職務

端木愷律師函紐約 Mobil 之顧問以本公司此次申請 Mobil 以本公司盈餘保留匯回美國之申請不能順利核准之原因，馬君以 copy 囑余摘其要點，因原文及附件十餘頁，今日為之摘出，其中端木對本公司辦事遲滯不無微詞。

參觀

晚同德芳及朱興良兄到中美文化協會參觀郭大維授畫。

娛樂

晚，朱興良兄贈票余與德芳到中山堂看中信局祝壽晚會，由嚴蘭靜、孫元坡演「仁者無敵」，即全本霸王別姬，場面甚大。

11 月 3 日　星期五　晴陣雨

職務

本公司去年分派五十四年紅利之股東綜合所得稅緩扣案，已申請複查一年餘尚無下文，今日見財政部公報列出已准東南水泥公司緩扣，趙總經理又談裕隆汽車公司已准，東南之核准要件具體指出如條例細則，此在發股轉帳時為不通之事，而在現在則自然形成，可以提供，乃加以研究，並將今年尚未發生問題之緩扣案亦加以斟酌，寫成要點，備與會計師在今年辦理增資登記時即行加入，以為明年辦理所得稅申報時之應供文件預留張本焉。

11 月 4 日　星期六　晴

職務

因代 Mobil 製防味罩計劃試驗不甚理想，今日將本身成本再作分析。

集會

下午到交通銀行參加黨校同學茶話，由傅雲同學召集，余未終席退出。

師友

朱興良兄下午來訪，歸還前借款四萬元，並贈送衣料、領帶、袖扣等件，又上月十五日赴礁溪之照片亦已印成，均極佳。

娛樂

下午同紹因到中山堂看電影，王莫愁主演彩色片啞女情深，除故事小疵外，極有分量，主題為兩句七言詩：「花如解語還多事，石不能言最可人」，前看過尤敏主演「無語問蒼天」，如移為此片片名，亦佳。

11月5日　星期日　晴陣雨

譯作

續譯 *Agricultural Credit in Economically Underdeveloped Countries* 第五段，論合作組織之政府強制事項，此為第七章之末段，今日已將本章全部完成，本章共計一萬四千字。

體質

鼻疾每日用冷或溫開水吸入洗滌一次，但並未見有何成效，入冬以來鼻涕雖未增加，然嗅覺不靈，且飄忽不定，有時能辨，有時則否，而後者居多。

11月6日　星期一　雨

職務

本公司代 Mobil 加工製造 Cap Wrap 自停工後即靜待其派員來洽，現 Smith 來此，多日研究後於今日綜合會談，其中余所準備資料包括本公司墊款與製造成本，墊款部分上星期列表後今日又發現有補行列帳數筆，亦予以加入，成本方面則由該公司將付給之加工費內負擔，其數與收入相埒，故實屬無利可圖也。上述墊款內有一筆試車用之 Polyethylene film，因不甚合用，只消耗一部分，另一部分工廠退至公司，既不付款亦不能退貨，余今日洽商決定，應仍付款，歸 Mobil 負擔，並交工廠保管。

11月7日　星期二　晴

職務

上月份盈餘情形應於今日以電報預估，營業額略低於上月，計七百六十餘萬元，盈餘則減低甚多，只六十萬元，尚不足百分之十，持此以與余初到公司之前年比較，則前者只四百萬，而後者可達百分之二十，奚啻倍蓰。本公司有部分由海外供應商付給之款項不能正式收帳，即存於紐約花旗銀行，業已數月，而支票簿遲不寄來，經託此間該分行函催，亦無反響，無已，洽詢分行人員，經臨時取來空白支票數頁，云可填入帳號作臨時用途云。

11月8日　星期三　晴

職務

為趙總經理審核其香港寄來之九月份紐約買賣股票對帳單，此次帳單寄到時並附有對上月費內容差誤之解釋，經複核無異，然其中因跨月份情形太複雜，故審核時極費周章，現在未能核明者即其每月買賣後之手存證券數是否相符，此則待以九月份之花旗銀行季報到時為基礎焉。

交際

晚，到中華餐廳參加由飛歌電子公司召集之在台外資公司人員聚餐會，由王可濟經理及該公司新到之副總經理陳君招待。

11 月 9 日　星期四　晴

師友

下午，到彰化分行訪朱興良兄，面贈手提箱一件、巧克力糖一盒、旗袍料一件、新出版蔣總統嘉言錄一部，緣朱兄時有餽贈，彼明日將回台中一行，託其帶回也。

體質

左足數年前曾發現後跟通腦部之神經隱隱作痛，或於行路提足時有痛疼感覺，因服維他命 B 而愈，數月來只每三日服祈富靈一片，似有不足，該處神經又時有不適，乃於祈富靈外再日服多種維他命B 三片。

11 月 10 日　星期五　晴

職務

上午到花旗銀行辦理票據貼現一百二十餘萬元，並先於昨日歸還交通銀行五十萬元，如此再以昨日所餘存之約四十萬元加入後，於今日支付到期之長春公司本票一百四十餘萬元。

瑣記

見新公司法譯英文本二種，其監察人一詞，一譯 Controller，一譯 Auditor，皆不正確，然 Supervisor 在此間甚習慣，而無所本，查閱美國書籍字典，則似美國公司無此一職務，只好暫時存疑焉。

11 月 11 日　星期六　晴

職務

上午，本公司公布明年起加薪及考績，由馬君首對各部門主管逐一說明，對余謂所貢獻者 More than satisfaction，而所增幅度亦最高，但希望能在財務控制方面更進一步，余謂此事涉及權限，最好余只作建議，而由上層發動，馬君謂不必多慮，蓋余並非好管閒事之人，當不致引起誤會也，後又詢余會計處四人之加薪情形有無意見，余主孔君再提高，彼即得趙總經理同意改定，然後逐一面談。

交際

晚，劉劍元、賴文清二兄子女婚嫁，到僑聯賓館參加喜宴。

11 月 12 日　星期日　晴

體質

數年前曾一度有胃酸過多現象，但以後即已消失，其原因或因每日必食木瓜所致，但數日來又有一現象，即每於下午腸內醞釀氣體，必須逐漸排至體外，有時則每日晨間大便較少，而於下午追加一次，以前遇有腸內失調時，服表飛鳴六、七片神效，近日來照服，但收效甚微也。

娛樂

下午同德芳到兒童戲院看「龍門客棧」，為上官靈鳳演彩色武俠片，鬥劍甚逼真，國產片之進步洵堪驚人。

11月13日　星期一　晴

職務

編製十月份資本支出月報表，因 Expandable Polystyrene 新廠建立計劃已開始國外採購，其中國外已付款列入在途原料者已有多筆，均屬資本支出，此等待其轉入未完工程帳始加入日報表，而進口需時，如不等待，則因製表本只據未完工程借方計算，以期劃一，現如又恢復多科目習慣，每次必須逐筆分析是否報過，亦難免錯誤，經決定仍暫不加入，以待年底再作一次檢討。Sycip 查帳人員今日開始查本年帳。中午與貝聿燾君宴請建設廳鍾明源君於日春食堂。

11月14日　星期二　晴

職務

寫十月份會計報表之 cover letter，大部分與平時無甚出入，只有一事最為特殊，即銷貨增加百分之二，由銷貨成本則增加百分之十四，此事與過去數月情形大相逕庭，以逐一銷貨成本之預算數與銷貨預算相比，有突出情形者亦不多，最後只好將此二原因提出，一為福美林銷貨量超出預算，而銷貨值則未達預算，二為預定十月份問世之發泡聚苯乙烯未能推出，該項銷貨預算每月美金二萬元，而銷貨成本只六千餘元云。

11月15日　星期三　細雨

職務

編擬中之五十七年 Profit Plan 經余將調整後之福美

林成本數計入後，已可達到秋間所擬之 Outlook 數，但減除利息與所得稅後，仍比今年之純益為低，馬君因不能滿足其好勝之心，乃於下午召集會議討論再加調整，將售量與成本作相互之調整，如此或可達到年盈一千萬元之數。

娛樂

晚與德芳到台大看平劇公演，有鴻鸞禧、彩樓配、珠簾寨與玉堂春四齣，均平平，成績比往年為差。

11 月 16 日　星期四　陰

職務

撰寫十月份工作報告備提下星期一之會報，此次較突出之報告事項為依據客戶分析每筆交易之盈虧，共計七十四筆，其中損失與盈餘各半。

瑣記

上午到台灣地毯廠與其林董事長談馬賓農所代表之國外股東參加股份前，先以貸款方式存入部分資金事，在座尚有馬方之彰化銀行吳襄理。

交際

晚，李公藩夫人在中心診所為其長孫舉行湯餅宴，余與德芳被邀參加。

11 月 17 日　星期五　雨颱風

職務

繕製本月份薪俸表，備下星期一發薪，所以提早辦理者，因須先將現款轉存於委託之銀行，明日為週末只有半天辦公也。本公司代 Mobil 所製防味罩一百二十萬只已完成六十餘萬只，候通知運美，但檢驗多不合格，故所墊款項及加工費用遲遲未向該公司收取，今日發現帳上又有代墊款項因戶名列錯，未及歸入已經製好之清單內，經決定作為加工成本加入計算，因墊款數已經面告 Mobil 不久前派來之 Smith，且為數已多，漏列者為已列不少之試車工資，故不便加入墊款也。

11 月 18 日　星期六　雨

職務

近來財務調度頗有在無形中省去不少利息負擔之處，例如三天前突接高雄廠來函，需要器材及原料進口稅五十九萬元，當天即須匯出，其時無款可用，乃以電話通知高雄廠代簽支票向交通銀行動用透支款六十萬元，然後補辦通知手續（該透支戶原用工廠印鑑，未加變更，但不得自行支用），廠方解釋謂該款 59 萬元內有十六萬元係以前請撥未撥數，故實請只 53 萬，其中尚有 28 萬為十七日支用，故 25 萬已足，余即未用透支手續，分次由現款內支應，至今日止已經完全度過，且廿日發薪用款亦經用此法逐漸用收到之款支應完畢，而透支竟不必動用矣。

11 月 19 日　星期日　晴曇

交際

王秀春兄之長子唯科在國際學舍結婚，屆時往觀禮並赴喜宴，在座有黨校同學士人，俱道其公子數人，皆有成就云。

瑣記

閱數月來之純文學月刊，擇其有代表性之作品而體味之，蓋余平時甚少時間展觀文學作品，今日趁暇為之也，此中題材甚多涉及目前青年留美與婚姻生活上之問題者，初則為之莞爾，繼則不禁悚然也。

11 月 20 日　星期一　晴偶雨

職務

舉行本月份會報，因已屆下半月，故將本月份應進行之有關事務亦提出四點補充報告：（1）已開始本年常年查帳，（2）本月底常年盤存，（3）回收原料問題工廠應早有上軌道之行動，（4）懸欠款項年底前希早作清理。今日發現代 Mobil 墊付款項內又有漏列之在預付費用內之支付原料款一筆，原因為傳票為工廠所作，但明細帳在公司，廠內會計課備查記錄未全，以致在其轉成本資料時只注意已列材料帳之項目（工廠管材料明細帳），而忽略在其他帳之數目，如製票時用科目不如此分歧，當不致有此失也。

11 月 21 日　星期二　晴

職務

到花旗銀行以票據貼借四十萬元支付台灣銀行進口購料款到期之三十餘萬元。中午會同林天明經理約台中來此之建廳黃開守君，此君在調查長春石油化學公司之申請甲醇管制進口案，據云該公司之申請條件甚合，一為品質合格，二為產量足夠，三為不用外料，四為售價不高出進口加關稅與利潤，果然獲准，則本公司之甲醛業務休矣。經濟部主管免稅案中之人員張某以三月支票向本公司借五萬元，經葛、馬二副總經理商討決定，以所收回扣款三萬五千與總務向公司預借交際費款一萬五千支付，此事完全利用職權。舉行小組會討論防味罩製壞者之處置問題，決定出口後銷毀。

11月22日　星期三　晴

職務

為 1968 Profit Plan 一再改變銷售生產數字，延宕太久，主辦之周君又遇事不知權變，今日又因細故爭論，以致面紅耳赤，殊覺修養不夠，直至下午始作再度檢討，將銷貨數字重新決定，繼續工作。

交際

晚，到悅賓樓參加于治堂兄女公子清秀與孫曉波君結婚喜筵。

參觀

看萬玉其畫展，極似趙少昂，其貌驚人而深度不夠，不耐久觀。

11月23日　星期四　晴細雨

職務

新工程在購料及準備興工階段，現已漸漸進入用款階段，然似尚未達最繁多之時期，余今日詢採購方面，彼云似乎較大物件均已定購，果爾則財務方面之壓力尚不甚重也。

師友

晚，朱興良兄來訪，由台中北返，購贈書兩冊及自己所泡陳年藥酒兩瓶，余順便探詢其有關保險行政事項。

11月24日　星期五　晴

職務

為瑣屑不干於己之事擾攘竟日，其一為印製去年增資直至今年三月始行經濟部核發執照著手印製之新股票，因余前經手，發現印樣錯誤百出，經查出股東會決議案與有關文卷，加以改正，其二為股票之張數，經再加計算，告知印刷局。另一為公司增資後又須申請變更登記，會計師印製文件已送來，又發現有其中申請股東不在台北，須寄送簽字又恐緩不濟急，乃決定將其取消，其實此事之拖延遠比此項因素為更多也。

娛樂

晚，同德芳看電影，娜但麗華演 This Property is Condemned，文藝片，甚佳。

11月25日　星期六　晴

職務

參加部分董事與律師之談話會，問題為大股東 Mobil 與外貿會因盈餘匯出之解釋問題發生爭執，Mobil 董事 Stark 又因其一種奇特想法而致解釋上之更分歧，彼以為在 Mobil 投資時之資本為六百萬元，現在已增至登記額 27 百萬元，此項增資部分所獲之盈餘乃由台幣盈餘所孳生，或不在計算者之內，如此本利相生，勢將至非立專帳無從計算之境地，在座之他人皆不認為有如此微妙之後果，結論為由律師先向官廳再行試探。

11 月 26 日　星期日　晴

旅行

同德芳率紹寧、紹彭參加台達公司舉辦之旅行，先到北投關帝廟，建築甚大，題辭亦多，唯廟前空地太少，出路亦狹，再到關渡媽祖廟，在淡水河河身開闊處，倚山勢分層築構，頗饒別趣，再至淡水高爾夫球場遠眺，復至金山青年育樂營海邊，轉至金山飯店午餐，飯後車行至野柳，入內看奇石，游人如織，余曾數度至此而深入則為首次，盤桓一小時餘，登車經基隆回北，計九時出發，下午四時半歸抵台北，歷時七小時有半，完全沿河沿海而行，胸襟為之開闊。

11 月 27 日　星期一　晴

職務

為馬君友人借款於台灣地毯公司事，會同其到該公司作進一步之洽商，初步決定為將該公司向第一銀行之借款押品贖回，轉至押於馬君之友人。明年度之 Profit Plan 初步完成，稅前盈餘為 32 萬美元，但個別計算盈虧，電木粉與聚苯乙烯均無盈餘可言，馬君對此認為美中不足，解嘲之言，則為貨物稅負擔太重，實則成本太高也。公司與另一長春之福美林變相聯營本年共付後者五十餘萬元，將作為十二月份支出，為顧慮太多，將以帳外收入填補云。

11 月 28 日　星期二　晴

職務

處理紐約之保險調查報告，此一案件本以為可略費時日即行告竣，今日乃開始寫作答復解釋文件，不料在寫作時又發現已蒐集之資料不夠，例如原報告希望本公司解說合於保險之財產價值與實際已保之財產價值，後者之數目已由帳上查出，極為清楚，前者則甚不簡單，蓋其所要求者為 Replacement value，而本省據云保險只有 Cash value，高出此額者不保，故本公司保額略低係因將折舊除去之故，於是將此一問題亦詳細寫入，諸如此類不一而足也。

11 月 29 日　星期三　晴

職務

已進行半月之重編 1968 Profit Plan，周君於今日將明細表部分編製完竣，余加以審閱後，即送馬君作最後決定，此次因所列銷貨額超出一億元台幣，故最後之稅前盈餘可達一千二百萬元，而稅後盈餘亦達一千一百萬元，惟能否達成此目標，殊不敢必，蓋其關鍵在於所增之每年一千萬元銷貨為漫無把握之事，如能以人力勝之，即可達成，否則全為虛列也。紐約方面對於五年 Objectives 今春幾以雷霆萬鈞力求其編製完善，迨夏間提出先編 1968 Outlook 時已不見拔劍張弩之勢，其後對於 Profit Plan 則更無全套計劃，只一輕描淡寫之通知，亦無期限，殊不可解也。

11 月 30 日　星期四　晴陣雨

職務

因年底將屆，上次會報曾決定所有掛欠及遲不報銷之款項限本月底清理，余今日將此類款項由帳上查出，辦通知一件致各經手人，請即清理，萬一趕辦不及，即略延至下月二十日為止，因該日為發薪日，還款可能較大也。

師友

晚，朱興良兄來訪，有意將已還之款重借，余因存單不在手邊，允明日復。

體質

旬日來腹脹而多氣，服表飛鳴無效，今日到聯合門診第一診診斷，醫師並未謂有何大問題，配藥片二種，日服各三次，每次各一。

12月1日　星期五　晴

集會

晚，參加革命實踐研究院第二十一期同學第十五週年紀念會，由周爾新為召集人，擔任報告，並連選為第六年召集人，席間一越南來同學報告另一同學遇害，及越南雙重國籍華僑之等於無國籍狀態，泣不成聲，闔座亦多淚下。

娛樂

同德芳看 21 期同學聯誼晚會，由空軍大鵬劇團哈元章、嚴蘭靜、孫元坡等合演四進士，唱做配搭俱臻上乘。

12月2日　星期六　雨

職務

寫申請書，請國稅局速核本公司民國五十四年度盈餘轉增資股東應緩扣綜合所得稅之複查案，其中所提出者為自申請複查後一年間又應補充之資料，包括本公司增資變更登記已由經濟部核准並換發新照，股票印竣即待發給，以及符合獎勵投資條例第八條之緩扣依據之借貸資金購入設備價款，截至本年三月底止已經付清，均有憑證可查等。因還款憑證使余注意各銀行之收據是否齊全，發現甚多缺漏，經決定通知各同仁，對於付款時單據未到應附加之待補單不可遺漏，以便加強對經手人之控制云。

12月3日　星期日　雨

集會

上午到建國中學出席家長代表會，該校計有學生七千餘人，委員名單三百八十人左右，經余圈選家長會委員會十四人，計日間部為王紹堉、姚朋、薛人仰、沈任遠、李荊蓀、杜元載，夜補校為閻實甫、王培驅、那玉、李荷、彭令占、陳丹誠、董中生、陳慶瑜等，並由校長及教務主任報告學校設施與課程，於新數學、新物理化學等所遭遇之困難解說甚詳。

瑣記

來台已十八年，自陽明山受訓戒吸紙煙亦十五年矣，流光真如駛也。

12月4日　星期一　晴轉細雨

職務

保險調查報告之答問書上週即已辦好，今日依馬君之意，再作修正，一為將金額加入新建未成之發泡聚苯乙烯設備與存料，二為詢此間保險公司對分保之看法，據云並無困難，可以分保，且事實上已分保一部分予AIU（Mobil特約），經列入文字，但不再說明將來分保之安排，因認其為既成事實也。

師友

晚，同德芳訪李德修原都民夫婦，贈華玉公司新出手提箱一只。

12月5日　星期二　晴

職務

台北市國稅局派第一科與第二科楊、饒二君突檢印花稅與綜合所得稅扣繳，此二事為本公司平時均極注意之事，僅有一件為余所疏忽，即退職金在因退職而發付退職人員時，其本人之扣存部分因早已完納所得稅，但公司發給部分為退職人之新所得，亦應在當時扣繳薪資所得稅，但並未照扣，檢查人提出此點，余略作應付，彼等即因時間不夠而未再深談，旋於晚間在大東園約其便餐，並由孔、周二君陪同看電影亂世佳人。

12月6日　星期三　晴

職務

本公司與長春公司有非正式之福美林聯營合約，雖每月互有找算，然一年來以付出為多，計至上月底已達六十餘萬元，十二月份亦無抵銷之望，同時購料方面，有收入國外回扣等款不能正式記帳，以免外匯當局發生誤會，則存在國外備用，現決定以後者美金一萬元抵沖前者台幣四十萬元，並以餘額二十餘萬元由十一、十二兩月之推銷費用分別擔任支付。

交際

晚，外資會計人員聚餐，由勝家公司李藹申輪值。

家事

下午訪建國中學陳子謙主任談最近該校學生滋事涉及紹彭一節，紹彭雖未參加，然幾乎彼為導因，故希望其多加注意檢點。

12 月 7 日　星期四　雨

職務

編製預估上月簡明損益分析，並以電報向紐約報告，此次因福美林售量超出預算二百餘噸，故收入較佳，但如非半年前削價每噸一千元，則本月實銷收入尚可多一百二十餘萬元也，至以預算相較，則相差仍多，原因為預定業已上市之發泡聚苯乙烯原列盈餘在四十萬元以上，全月全部盈餘為一百二十萬元，現在則只達到八十萬元，故嚴格言之，如無此種不利因素，則盈餘應反而超出預算甚遠也。

12 月 8 日　星期五　陰雨

職務

今日花旗銀行副理萬彥信來談本公司財務情形以及明年貸款方面之需要，萬或與葛副總經理相識較早，故事先曾向彼接洽索本公司財務報表，余皆照給，但因馬副總經理為主管，故亦向其言明，今日萬君來先訪葛，葛即約余往其辦公室晤談，馬君獲悉，詢余以經過，大為不懌，乃通知葛君轉請萬君到其辦公室接洽，談移時，並於辭去時一再向其聲明索取資料請直接向余為之云。

12 月 9 日　星期六　晴

職務

宋作楠會計師事務所本年度查帳工作又賡續進行，十一月間本有二人，今日減為一人，乃台大商學系出身之陳君，今日來談今年成本計算不包括 Non-variable overhead 一事，渠認為目前台灣採此制者絕無僅有，國外想亦不多，彼之問題為今年之 Open Inventory 與 Closing Inventory 基礎不同，須按舊法將今年之年終 Inventory 計算，以確計今年偏低之損益，余告以可以依此原則作分析，而不必調整帳目也，又如彼作分析，本公司可提供資料，余意彼只須將此一事實在報告內指出即可，不必浪費太多計算時間也。

12 月 10 日　星期日　陰雨

家事

日昨接紹南由華盛頓來信，告姑丈赴美所帶各件已於上月十九日到紐約，隨即寄到華府，又告彼與紹中曾寄來郵包兩件，其中物件毋慮四、五十種，今日寫信答復。

瑣記

今日放假，因天氣甚寒，只在寓閒讀，並與德芳釀酒，緣託黃鼎丞兄代買之紅麯與白麯已於前晚由售者送來，可製糯米四十五斤，每日煮三分之一，隨即下缸，去年做二缸，今年材料加倍，將較濃，共做三缸，麯二種共價二百一十元。

12 月 11 日　星期一　晴曇

職務

上午舉行小型會報，為馬副總經理定後日赴香港，特商洽數種重要產品之售價要點，以及成本之最低紀錄，以作參考，因為討論此點而又涉及 Polystyrene 之品質管制問題，認為應予加強。花旗銀行派王君再度前來調查十月底與去年年底之財務情況，經據實完全相告，其中有發生差異者，如去年年底該行曾記本公司 Usance L/C 一筆，其時出口地尚未 negotiate，故本公司未有負債紀錄，此事因查帳人員適在，係由彼之資料核對而明，蓋該行致該事務所對帳函曾列出，經該查帳人員在工作紀錄中詳加註明也。

師友

晚，張中寧夫婦來訪，談其子緒明已出國，余本欲贈以辭海一部，乃面託其寄往，又順便贈以進德錄一本。

12 月 12 日　星期二　晴

職務

重編以前所製之 Hefty Plastic Cover 計劃所用墊款明細帳，加列採購部分漏計之短交貨品記帳關稅無貨出口應補稅款數目六萬餘元。編寫十一月份工作報告，備提下星期之會報，此月份雜事太多，反無可以詳加敘述之突出事項，故文字比歷來為短云。

交際

公司同仁設宴歡送胡月喬小姐赴美，共兩席，地點大東園。

12 月 13 日　星期三　雨

職務

擾攘匝月之 1968 Profit Plan 前經馬君將 Sales 數字虛妄加大，今日全部編完印成，馬君忽又反悔，認為最初數目即將達不能完成目標之境，乃又決定仍然改低，於是又須延緩時日矣。此種出爾反爾，全憑主觀，真匪夷所思也。編製上月份之資本支出表，打好送紐約。與工務處確定明年資本支出總額，將 Profit Plan 內之資本支出數再度調整，並通知工廠準備明年之分月資本支出預算，並補辦今年修正預算。

12 月 14 日　星期四　晴

職務

上月份月報表今日完成，即草擬送表之公函，其中照例對銷貨須有一番分析，並無若何困難，但至分析銷貨成本時，歷時半日，未獲結論，緣此月之銷貨與預算所列恰相一致，然銷貨成本則高出預算百分之九，經將各貨品之成本加以個別觀察，其數量較之預算固有差異，然大致均成適當比例，特殊者只有福美林，銷貨數量超出預算，然因減價之故，收入之增加，幾僅足彌縫成本之增加，此項成本增加數與另一未能上市之發泡聚苯乙烯所省成本又相彷彿，於是一再推敲，終未知此百分之九成本增在何處，只好籠統說明矣。

12月15日　星期五　晴

職務

昨所寫之十一月份會計報告解說公函，今日細思終不愜意，乃於今日將解釋成本增加之一段重寫，比較顯豁。與周、孔二君研討客戶退貨與換貨之不同會計處理與倉庫手續，決定通知業務處在退貨通知單上將二事分清，倉庫對換貨不做進出手續，毋庸填過收貨與發貨單，如為退貨則出收貨單，會計方面對前者用製成品與應收帳款二科對轉，對後者則須同時用銷貨退回及銷貨成本二科對轉云。

交際

晚，赴林建五次子婚宴，飯後吳惠波代表約觀平劇周麟崑伐東吳，尚佳。

12月16日　星期六　晴

職務

開始編製十二月份薪資表，此月份有新顧問二人，又有新進下級職員二人，故計算工作較多。

參觀

下午同德芳到省立博物館看郭大維畫展，頗多精品，郭氏為齊白石門人，其早期作畫經齊氏品題者亦懸展十餘幀，皆有獨特之處，至郭氏自作畫之最大不同處，似在於運用線條之佳妙，所畫之芋葉、荷梗、花枝等動輒高達三、五尺，一筆呵成，有六幅接連荷景，寬幾二丈，花葉競秀，嘆為觀止，而獨擅者仍為其枝梗，以目前畫家言，腕力之健恐無其匹也。

12 月 17 日　星期日　晴

參觀

上午到科學館參觀電子展覽會，除各種電視與計算機外，最突出者為彩色電視，此為余初次見，而台灣尚須若干時日始可有之也。

師友

晚，李德民君來訪，談經濟部會計長朱如淦，意氣獨不平也。

聽講

上午到實踐堂聽錢穆氏演講「文化復興中人人必讀幾種書」，計列舉四書、老子、莊子、六祖壇經、近思錄、傳習錄，共九種，並說明其對於文化之見解，甚精彩。

12 月 18 日　星期一　晴

職務

因二十日銀行不對外營業，故須提前於明日發十二月薪，今日將薪俸表編就，即送第一銀行，並分別將直接送達者之支票一一備就分送。與製造甲醛之另兩家訂有互相找算之合約，積至年底將達付出六十餘萬，乃決定以所收外匯不能收帳之回扣款美金一萬元交趙總經理換成台幣四十萬元沖收此帳之大部，則只餘二、三十萬元分由十一、十二兩月之推銷費用內支銷之，此事由余備一 memo 經趙、馬二君簽字並交趙總經理保管，只供 Mobil 方面之參考云。

12月19日　星期二　晴

職務

Sycip查帳人員來接洽如何發信與客戶對帳事，決定一部分隨本公司函發出，另一部分供給資料由其自發。舉行業務會報，余臨時提出與三月底營利事業所得稅申報四項有關須未雨綢繆之問題：一為EXPS新廠工程務於申報前完成，二為公司增資變更登記務早日送出，此二事與兩年來營利事業所得稅免25%之解除責任有關，三為Polystyrene五年免稅之早日定案，四為明年新工程之早日完成手續，此二事與今年所得稅預估繳納特別從低之算法有關，如條件不備，屆時將補稅且受罰云。

12月20日　星期三　晴

職務

關於1968年Profit Plan之起草，因一再更改，故今日猶未寄出，已一月有半矣，現在更改後之營業額又經重新計算，並為節省打印時間，僅將更改之處用橡皮擦去另用打字機將新數打入，然後用Photostat重印，不類已經搽改者，但如此更改，尚不知是否即為定案，仍待明日之資本支出預算確定，始能完成也。扣繳所得稅須每半年申報一次，現在下半年扣繳數額已大致確定，經將資料彙齊，交經手人填製扣繳憑單。

12 月 21 日　星期四　晴

職務

1968 Profit Plan 今日因資本支出部分有所改動，再將原表挖補曬印，幸因係用 Photostat 複製，製成後一無痕跡，至送表之致紐約信，又經加入一段由翟君所寫馬君所改之對新計劃之 justification 兩段，至此始全部完成寄發。寫一件 memo 致馬君，指陳公司變更登記之應加緊趕辦，原因為三月底藍色申報截止前兩年來以純益 25% 轉增資免稅部分之完工與增資必須告一段落，否則受罰一百餘萬元，此事係余前日報告後，馬君至為重視，乃於今日囑寫成節略，備其最近提董事會者。

12 月 22 日　星期五　晴

職務

因年終即屆，對於帳務清理加緊進行，今日將數筆已結轉數年之應付帳款轉作其他收入，又有業務處在台北買材料不進倉庫，用後亦無領料手續與紀錄，而帳上直有餘額，已經二年，乃函業務處請追尋下落，以便轉帳。

交際

晚，請稅捐稽徵處中山分處馬主任、劉、陳二股長及稅務員七人吃飯。

集會

下午參加革命實踐研究院之國大代表結業同學聯誼，並由小陸光演穆柯寨助興。

12 月 23 日　星期六　晴

職務

因下月初進口 Styrene monomer 一批為數較大，須完關稅 200 萬元，採購組本已進行申請保稅，但因銀行手續問題，恐為時不及，乃由余電花旗、交行等行，仍不得要領，擾攘半日，決定再通知工廠與當地銀行洽商，屆時由本公司提供現款請其保稅，未知有效否。

集會

上午光復大陸年會開幕，余未能參加，下午始往出席，皆為報告事項。

交際

中午，國大代表魯青同仁在會賓樓聚餐，並公請新近升遷之山東籍官員孫運璿、王魯翹、張金蘭、黃對墀等七人。晚，部分委員在光復廳聚餐。

12 月 24 日　星期日　雨

集會

全日舉行光復大陸設計研究委員會全體會議，上午並有經濟部長李國鼎報告經濟成長情形，最可警惕者為成長率與國民所得之絕對值均甚高，但農業比重仍高，而國民所得比之日本尚只四分之一，較之其他久已開發之國家則更低數倍，故決不能謂為已開發國家也。

娛樂

晚，同德芳看國大年會平劇，戴綺霞、胡少安合演全本穆桂英，至破洪州為止，近四小時，極為精彩。

師友

上午，到廈門街奚宅訪員林來之俞鶴鳴君，約其晚飯，因須回員林，以致不果，俞君昨曾來訪未遇。

12 月 25 日　星期一　晴

集會

上午，到中山堂出席國民大會年會與行憲紀念會，蔣總統致詞，並舉行酒會。下午到中山堂出席國大代表年會，嚴家淦院長報告施政。

參觀

紹彭之同學之父甘雨君在中美文化協會開畫展，柬邀往參觀，所畫以山水為多，頗有工力，但似乎天資甚弱。

12 月 26 日　星期二　陰

職務

舉行小型業務會報，各部門對一週來工作加以檢查，余因無甚大事，未作報告，只就年終前將沖轉之業務推廣費一節加以說明，預定月底前將以趙總經理所兌換之美金所得台幣加以處理收帳云。訪王慕堂兄於交通銀行，存入儲蓄券存款二萬餘元，款為本公司同仁之退職公積金，存取可以較便云。

集會

上、下午兩次參加憲政研討委員會全體會議，余因尚須辦公，故皆未待終席而退，今日之會所談皆重大問題，只有建議之權，政府只供參考，為用不大也。

12月27日　星期三　陰

職務

趙總經理以 Chamly Corporation 名義在美經營之證券因所託香港王振芳數年來未有盈餘，決定先在年底停止買賣，囑余辦信通知紐約證券公司 Bache and Co. 及保管之花旗銀行，乃於今日將兩函寫就，交丁小姐打字送趙氏簽發。

參觀

參觀本省美展，國畫部分甚多佳作，書法部分平平，其第一名所寫隸書甚好，第二名平平，第三名曹緯初兄所寫隸書，極富伊墨卿之風神，實委屈也。

交際

晚，參加林尹兄之三子之喜宴於實踐堂。

集會

下午出席憲政研討會全體會，今日為最後一天，在匆促中結束。

體質

右鼻似感冒，在聯合門診由朱炳圻醫師配 Allercur 與鏈黴素各三日量。

12月28日　星期四　陰

職務

準備本年下半年之扣繳所得稅申報，因已有成規可循，將各人扣繳憑單彙總變為分類之申報書，金額完全可以相符，不勞再四查核，順利完成。

娛樂

夏間來公司實習之學生趙筱韻約余與德芳到國軍文藝中心看其姊復芬之平劇公演，去時並帶贈花籃一隻，今日戲目為劉復雯之百草山，武功甚好，劉玉麟與李金棠之鎮澶州，演來極為精彩，趙演玉堂春，亦為工力甚佳之作，李金棠、劉玉麟為之配小生與老生，亦增色不少。

12 月 29 日　星期五　雨

職務

去年本公司緩扣 54 年盈餘轉增資之股東綜合所得稅一案，至今未奉財政部核定，而股票已等待簽發，且緩扣所依據之借貸資金購置機器設備已償還足夠相當緩扣額之本金數，要件具備，為對董事會及股東有所交代，以及加速申請之進行，乃於今日準備中、英文提案，送董事會明日提會。

12 月 30 日　星期六　陰

職務

今日為本年最後工作日，而只有半天，故事務繁多，而最重要者為填送高雄交通銀行之保稅契約一千萬元，同時因下月四日即有一批原料進料須保稅一百五十萬元，而該契約須在其總行董事會通過後始能生效，在大約一個月內須以現金提充此批原料進口關稅保證，經即函高雄廠簽發同額支票充底。

集會

上午參加趙雪峰組長召集之國大黨部小組會議，席間報告最近中央指示共匪大陸試爆原子已七次，本島所受威脅最大，故反攻大陸在策略上有一甚重要之課題，即須先求自己存在也。

12月31日　星期日　雨

瑣記

一年來在規律生活中殊鮮餘暇，故每日只於晚間略聽廣播或看電視後，即行休息，甚少閱讀書籍，而特殊約定之寫作事項，只有隋玠夫兄之合作月刊，因刊載甚遲，余本欲於暑前即將「低度開發國家之農業信用問題」譯完者，亦直至年底尚未實現，蓋此文只於星期日或假日之晨刻為之，其他時間無可安排也，預料今年已完，明春熱天前應將未完成之三章加以完成也。

體質

體魄一年來健康如常，僅鼻竇炎仍有喉頭黃痰未斷，嗅覺早晚不全，痔疾未劇，精神亦佳，睡眠亦正常，現每日行金剛靜坐法之中間活動部分，步行一、二公里，出恭後洗肛門，洗面用冷水，不吸煙已十五年，而酒則未戒，但不逾量，性情方面儘量避免急躁，但有時仍難免發作，事後輒悔恨有加，殆成為終身之疾歟？

附錄

收支表

月日	摘要	收入	支出
1/1	上月結存	85,449	
1/1	車錢		20
1/3	理髮		10
1/4	酒、麵條		40
1/5	水果、鍋		60
1/6	上月中餐、紅羽毛、藥品		230
1/7	食品、書刊		45
1/9	酒、水果、紹寧用		50
1/10	上月車費		90
1/14	食品、水果		30
1/17	酒、理髮		40
1/18	食品、水果、書刊		30
1/19	水果、乾麵條		20
1/20	本月待遇	7,800	
1/20	家用		4,500
1/23	酒、水果、文具等		80
1/25	藥皂、食品、酒		80
1/27	水果、書刊		30
1/28	電影		40
1/30	書刊		35
1/31	蛋糕、食品、水果、唱片		135
1/31	二月份研究費	800	
1/31	公保		37
1/31	二月份公費	1,500	
1/31	黨費		10
1/31	二月份集會費	1,500	
1/31	修屋貸款扣 35 期		328
1/31	二月份房貼	200	
1/31	加發一期	2,800	
1/31	家用		7,500
1/31	二月份光復會車馬費	200	
1/31	同仁捐		60
	合計	100,249	13,500
	本月結存		86,749

月日	摘要	收入	支出
2/1	上月結存	86,749	
2/1	食品、酒、水果、理髮		75
2/5	衣料		860
2/6	春節賞役、車票、太陽餅、花生油		190
2/7	電影、襪子、水果、茶葉、換汗衫		70
2/12	連日車費、水果等		70
2/14	建業中學車馬費	75	
2/14	公請葉于鑫等		160
2/15	上月中餐、麵條、水果		195
2/17	髮蠟、理髮、郵票		35
2/18	食品、水果		65
2/19	書二冊、車錢		60
2/20	本月待遇	8,000	
2/20	家用		4,800
2/25	上月車費、電影、水果		150
2/26	酒、食品		65
2/28	三月份研究會公費、集會費	3,800	
2/28	公保、黨費		47
2/28	三月份房貼	200	
2/28	扣修屋貸款 36 期		328
2/28	加發一期	2,800	
2/28	同仁捐		60
2/28	三月份光復會車馬費	200	
2/28	同仁捐		60
2/28	紙簍、藥品、書刊		185
2/28	家用		7,800
	合計	101,824	15,275
	本月結存		86,549

月日	摘要	收入	支出
3/1	上月結存	86,549	
3/1	書刊		15
3/4	車票、食品、車錢		70
3/5	理髮		10
3/7	火車票		65
3/8	上月中飯、食品		155
3/9	寄美物尾數		70
3/10	上月上班車費		75
3/10	公送趙朱花圈		50

月日	摘要	收入	支出
3/11	食品、水果		40
3/15	食品、車錢		15
3/16	借本月薪	1,000	
3/16	55 年所得稅補繳		870
3/16	戲票、水果		80
3/17	政大校友會費		20
3/19	理髮、唱片、水果		35
3/20	本月待遇	8,000	
3/20	家用		5,700
3/24	毛筆、車錢		45
3/25	食品		30
3/26	車費、租稅會會費		45
3/28	旅行食品、稿紙		110
3/29	游山		55
3/31	四月公費	1,500	
3/31	公保		37
3/31	四月集會費	1,500	
3/31	黨費		10
3/31	四月研究費	800	
3/31	扣修屋貸款 37 期		328
3/31	四月房貼	200	
3/31	扣 16 日借		1,000
3/31	同人捐		70
3/31	年會借支扣一期		100
3/31	家用		7,600
3/31	四月光復會車馬費	200	
3/31	同仁捐		60
	合計	99,749	16,760
	本月結存		82,989

月日	摘要	收入	支出
4/1	上月結存	82,989	
4/1	水果、點心、書刊		70
4/2	理髮		15
4/4	唱片		90
4/6	壽禮、水果		110
4/7	上月上班車費		95
4/9	上月中餐		185
4/9	慈善券		20
4/11	食品、水果		40
4/12	看病		50

月日	摘要	收入	支出
4/13	車票		50
4/17	理髮		15
4/17	李洪嶽八十壽花籃		60
4/17	看病、水果、麵包		65
4/19	看病、唱針		60
4/20	本月待遇	8,000	
4/20	水果、麵包		25
4/20	家用		1,700
4/21	看病		50
4/22	水果、食品		35
4/24	看病		50
4/25	衣料		720
4/27	看病		50
4/30	朱佛定子婚儀		200
4/30	表、鐘、車錢、理髮、水果		70
4/30	家用		6,300
4/30	五月公費	1,500	
4/30	公保		37
4/30	五月集會費	1,500	
4/30	黨費		10
4/30	五月研究費	800	
4/30	修屋貸款還 38 期		328
4/30	五月房貼	200	
4/30	同仁捐		180
4/30	五月光復會車馬費	200	
4/30	年會借支扣第一次		100
4/30	地方自治月刊半年、看病		65
	合計	95,189	11,475
	本月結存		83,714

月日	摘要	收入	支出
5/1	上月結存	83,714	
5/1	書刊、水果、辦公室食品		60
5/4	看病、水果		60
5/6	龔祖遂子喜儀		100
5/7	看病		50
5/8	觀劇、車錢		60
5/9	上月計程車分擔		90
5/9	車錢、水果		20
5/10	上月車錢		185
5/11	看病		50

月日	摘要	收入	支出
5/12	水果		10
5/14	送貝聿燾喜儀		240
5/14	看病		50
5/15	藥品、理髮		75
5/17	車費		10
5/18	蔡子韶喪花籃		100
5/18	看病		50
5/18	車費		15
5/20	襪子、食品		35
5/20	本月待遇	8,000	
5/20	家用		2,200
5/22	看病、水果		60
5/24	王保身賻儀		100
5/24	車錢		15
5/25	劉鐸山壽儀		150
5/26	看病、水果		65
5/29	看病		50
5/31	本月待遇（六月）	2,800	
5/31	保險、黨費		47
5/31	六月房貼	200	
5/31	扣修屋貸款 39 期		328
5/31	加發一期	2,800	
5/31	扣借支、同人捐		375
5/31	六月光復會車馬費	200	
5/31	同人捐		120
5/31	本學期子女教育費	1,000	
5/31	團體保險		240
5/31	藥品、信紙		65
5/31	家用		7,600
	合計	99,714	12,675
	本月結存		87,039

月日	摘要	收入	支出
6/1	上月結存	87,039	
6/1	書刊、看病		70
6/7	餅乾、水果		80
6/7	謝澄宇喪儀		100
6/11	酒、理髮		45
6/12	福利品補價、端節賞役		135
6/14	上月計程車自負數		105
6/15	上月中飯		190

月日	摘要	收入	支出
6/18	萬用桶、水果、冷飲		45
6/19	本月待遇	8,000	
6/19	家用		6,000
6/24	食品、茶資、車船		55
6/25	曾大方子喜儀		100
6/25	電影、水果、理髮、車錢		85
6/29	車錢、水果、書刊		30
6/30	七月研究費	2,880	
6/30	公保、黨費、同人捐、扣借支		357
6/30	七月公費	2,880	
6/30	扣修屋貸款、窗紙		378
6/30	七月房貼	200	
6/30	所得稅、家用		7,733
6/30	咖啡二磅、車票、水果		172
	合計	100,999	15,680
	本月結存		85,319

月日	摘要	收入	支出
7/1	上月結存	85,319	
7/1	書刊、車錢		15
7/5	書刊		40
7/7	上月計程車負擔		75
7/8	祈富靈、照片		125
7/9	王建今嫁女喜儀、理髮		120
7/10	上月中餐		190
7/12	酒、水果、麵條、車費		50
7/20	本月待遇	8,000	
7/20	家用、衣料		4,500
7/20	趙廷箴生日份金		190
7/21	酒、食品		60
7/23	理髮、食品、水果、早點		50
7/31	八月研究費	2,880	
7/31	公保補上月		105
7/31	八月公費	2,880	
7/31	所得稅		33
7/31	八月房貼	200	
7/31	修屋貸款第 41 期扣還		328
7/31	同仁捐及扣借支、家用、食品、車錢		7,790

月日	摘要	收入	支出
	合計	99,279	13,671
	本月結存		85,608

月日	摘要	收入	支出
8/1	上月結存	85,608	
8/1	食品、財富		30
8/2	水果、車錢		25
8/3	書刊、食品		24
8/5	黃鑑炎喜儀、痱子藥		225
8/6	理髮、印照片		40
8/7	餅乾、奶水、書刊、水果		40
8/9	合送趙母二周年花圈		15
8/11	上月計程車負擔款		70
8/16	上月火食		180
8/16	果品、書刊、早點		85
8/20	理髮、水果		20
8/22	酒、早點		45
8/26	酒		55
8/27	月票、回數票、唱片		110
8/28	食品		20
8/29	唱片、表帶		60
8/30	九月份研究費	2,880	
8/30	公保		71
8/30	九月份公費	2,880	
8/30	扣修屋貸款 42 期		328
8/30	九月份房租津貼	200	
8/30	黨費		10
8/30	扣借支（年會）		100
8/30	所得稅		33
8/30	同仁捐、酒、鞋油、電池		183
8/30	家用		4,300
8/30	皮鞋		400
8/31	頭油、牙刷、奶水、書刊、水果		70
	合計	91,568	6,539
	本月結存		85,029

月日	摘要	收入	支出
9/1	上月結存	85,029	
9/1	酒		40
9/3	理髮、書刊、水果		25
9/6	上月中飯		189
9/6	上月交通車		51
9/6	公請楊永元		80
9/6	襪子、食品		45
9/6	本月三天中飯		20
9/11	建業中學車馬費	75	
9/11	酒、水果		45
9/12	王昱子祖母喪儀、水果		65
9/14	酒、書刊		60
9/16	酒、水果、車錢		50
9/17	中秋賞役		100
9/17	電影、理髮		45
9/20	廿天中餐、木瓜		125
9/20	本月待遇	8,000	
9/20	家用		3,800
9/20	茶葉、唱片		580
9/21	唱片、木瓜		20
9/25	送姑丈赴美購物及飲食等		425
9/31	茶葉、水果		35
	合計	93,104	5,800
	本月結存		87,304

月日	摘要	收入	支出
10/1	上月結存	87,304	
10/1	理髮、水果、書刊、食品		50
10/2	本月國代待遇	5,760	
10/2	扣貸款、借款、費稅、保險		542
10/2	本月房貼	200	
10/2	同仁捐、聯誼會		130
10/2	藥二種、酒、書刊、木瓜、家用		7,193
10/5	畫法要錄、上月車費、水果		130
10/6	上月下旬中飯、酒		80
10/8	車錢、門票、小畫頁、酒、書刊		75
10/10	咖啡、食品、車費、花束、食品		170
10/11	唱片、唱針、書刊		100

月日	摘要	收入	支出
10/12	食品、酒		60
10/15	張金鑑、王克矯子喜儀、崔唯吾喜儀		540
10/16	食品、水果、車錢		50
10/20	本月待遇	8,000	
10/20	家用、車票		3,865
10/22	孫振仙母喪儀、水果、酒、賀年片、茶		95
10/29	酒、理髮		45
10/30	十一月國代待遇	5,760	
10/30	扣貸款、借款、稅費、保險		542
10/30	十一月房貼	200	
10/30	同仁捐		184
10/30	家用		7,900
10/31	酒		54
	合計	107,224	21,805
	本月結存		85,419

月日	摘要	收入	支出
11/1	上月結存	85,419	
11/1	書刊、奶水、水果、鞋跟		55
11/7	上月中飯、車費		240
11/7	食品、水果		20
11/9	贈友手提箱二件		420
11/9	贈友書刊		60
11/9	書刊		20
11/10	食品、水果、車錢		35
11/11	劉劍元、賴文信喜儀		100
11/12	理髮、電影、茶葉		100
11/17	書刊、車錢、水果		35
11/19	王秀春長子喜儀		100
11/23	酒、奶水		50
11/24	電影、水果		25
11/26	旅行、理髮、鞋油		20
11/27	酒		30
11/30	十二月份研究費	2,880	
11/30	公保、黨費		82
11/30	十二月份公費	2,880	
11/30	扣55年年會借支、修屋貸款45期		428
11/30	十二月份房租津貼	200	

月日	摘要	收入	支出
11/30	所得稅		33
11/30	同仁捐、救災捐、勞軍捐	1,100	
11/30	子女教育費		297
11/30	車票、請同仁零食		110
11/30	家用		3,800
	合計	92,479	6,060
	本月結存		86,419

月日	摘要	收入	支出
12/1	上月結存	86,419	
12/1	書刊、回數票、酒		85
12/3	車錢、郵票		10
12/4	書刊		10
12/5	書刊、賀卡等		30
12/6	上月中飯、車費		225
12/7	書刊、食品、水果		40
12/8	酒、染髮藥		40
12/10	理髮、洗衣		25
12/11	酒		30
12/15	前日公請胡月喬		150
12/15	食品、水果		30
12/15	林建五次子喜儀		100
12/17	酒、食品		45
12/19	本月待遇	8,000	
12/19	家用		5,100
12/20	縫衣		500
12/21	水果、食品		15
12/22	光復會年會招待費	1,240	
12/22	水果		10
12/24	魯青代表聚餐		80
12/24	祈富靈 30 片		70
12/24	內衣		50
12/24	酒、理髮、車錢		35
12/24	郵票		20
12/24	夾大衣		1,500
12/25	水果、車錢		25
12/26	書刊、水果		20
12/27	林尹三子喜儀		100
12/28	車錢、酒		50
12/30	一月份研究費	2,880	
12/30	公保、黨費		82

月日	摘要	收入	支出
12/30	一月份公費	2,880	
12/30	扣款、修屋貸款		428
12/30	一月份房貼		200
12/30	所得稅		33
12/30	同仁捐		10
12/30	衣料一期		129
12/30	水果、郵票		18
12/30	家用		7,000
12/31	酒、奶水、郵票		55
	合計	101,619	16,150
	本月結存		85,469

吳墉祥簡要年表

1909 年	出生於山東省棲霞縣吳家村。
1914-1924 年	入私塾、煙台模範高等小學（11 歲別家）、私立先志中學。
1924 年	加入中國國民黨。
1927 年	入南京中央黨務學校。
1929 年	入中央政治學校（國立政治大學前身）財政系。
1933 年	大學畢業，任大學助教講師。
1937 年	任職安徽地方銀行。
1945 年	任山東省銀行總經理。
1947 年	任山東齊魯公司常務董事兼董事會秘書長。
	當選第一屆棲霞國民大會代表。
1949 年 7 月	乘飛機赴台，眷屬則乘秋瑾輪抵台。
1949 年 9 月	與友協力營救煙台聯中校長張敏之。
1956 年	任美國援華機構安全分署高級稽核。
1965 年	任台達化學工業公司財務長。
1976 年	退休。
2000 年	逝世於台北。

民國日記 92

吳墉祥在台日記（1967）

The Diaries of Wu Yung-hsiang at Taiwan, 1967

原　　著　吳墉祥
主　　編　馬國安
總 編 輯　陳新林、呂芳上
執行編輯　林弘毅
封面設計　陳新林
排　　版　溫心忻、施宜伶

出　　版　開源書局出版有限公司
香港金鐘夏慤道 18 號海富中心
1 座 26 樓 06 室
TEL：+852-35860995

民國歷史文化學社有限公司
10646 台北市大安區羅斯福路三段
37 號 7 樓之 1
TEL：+886-2-2369-6912
FAX：+886-2-2369-6990

http://www.rchcs.com.tw

初版一刷　2022 年 1 月 27 日
定　　價　新台幣 400 元
港　幣 110 元
美　元　15 元
I S B N　978-626-7036-63-1
印　　刷　長達印刷有限公司
台北市西園路二段 50 巷 4 弄 21 號
TEL：+886-2-2304-0488

國家圖書館出版品預行編目 (CIP) 資料
吳墉祥在台日記 (1967) = The diaries of Wu Yung-hsiang at Taiwan,1967/ 吳墉祥原著 ; 馬國安主編 . -- 初版 . -- 臺北市 : 民國歷史文化學社有限公司 , 2022.01

面；　公分 . -- (民國日記 ; 92)

ISBN 978-626-7036-63-1　(平裝)

1.CST: 吳墉祥 2.CST: 臺灣傳記 3.CST: 臺灣史
4.CST: 史料

783.3886　　111000329